나로 살게 하는

말
들

흔들리는 이들에게
가서 닿기를

강영숙 지음

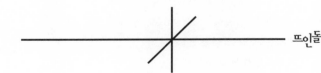

뜨인돌

── 목차 ──

__012__ 프롤로그
내가 끌어당기는 대로 세상은 응답한다

__1부__ ─────────────────────────── ─┼─

__018__ 나를
마주하기

나는 어떤 사람일까?
자아(self)를 이해하는 세 가지 차원
나'임'에서 나'됨'으로
나는 새로운 세상을 만드는 존재
'누구처럼 되기'가 아닌 '나로 살기'
나는 꽃입니다
나보다 더 나를 사랑하는 사람은 없다
결과로 나의 가치를 판단하지 말라
내가 나를 칭찬하는 게 가장 멋진 칭찬
실패는 실패가 아니다
고민하는 나를 응원하기
나의 선택, 내가 좋을 선택
나만의 쉼터 만들기
부모에게 자식이란… 완벽한 자식은 없다
자식에게 부모란… 완벽한 부모는 없다
있는 그대로의 나를 인정하기
내가 나를 보고 있다

밖이 아닌 내 안에 집중하라

의식은 말을 지배하고 말은 의식을 지배한다

꿈을 써라 그리고 보아라

먼저 나 자신을 설득하라

친구 탓이 아니다

좋은 습관도 나쁜 습관도 나

2부

066 나의 마음 읽기

심리적 갑옷을 벗자

취약함 드러내기의 좋은 예

취약함 드러내기의 나쁜 예

인생은 누구나 힘들다

걱정하지 말고 궁금해하라

용기! 용기! 용기!

무의식의 타깃은 바로 나 자신

누군가는 나를 미워하거나 싫어할 수 있다

모두를 사랑할 수 없고 모두에게서 사랑받을 필요도 없다

타인이라는 거울

걱정은 앞당겨 하지 마라

마음은 몸을 지배하고 몸은 마음을 지배한다

정서적 문해력, 감정을 읽고 볼 수 있는 힘

감정분화 훈련이 필요한 이유

상처는 받은 즉시 해결하라

감정 통장의 잔고를 채워라

불안의 원인을 아는 순간 불안의 절반은 사라진다

감정이 나를 삼키지 않게
무엇이 힘든지 적어보면 진짜 힘든 걸 가려낼 수 있다
말로 상황을 더 힘들게 하진 말라
스트레스 요리하기

3부

106

'따로 또 같이'
타인과 잘 사는 법

관계의 교집합과 여집합
'다름'에 이끌리고 '다름'으로 다투고
친하다는 말을 아껴야 하는 이유
둘이 만났을 땐 둘 얘기만
얼굴을 마주한 대화의 중요성
상대를 '안다'는 것
관계의 황금률
공감, 그 사람이 되어보는 것
진짜 사랑과 카르만 라인(Karman Line)
남이 나를 대해주었으면 하는 방식으로 남을 대하라
과하지도 모자라지도 않게
사소한 걸 사소하게 여기지 마라
조금 손해 보듯이 살아라
만날 때보다 헤어질 때 더 정성을 들여라
진심 어린 칭찬은 지나쳐도 아름답다
세상 사람은 다 나의 스승이다
가족은 타인 대하듯 타인은 가족 대하듯
마지막 말은 삼켜라
좋은 말, 나쁜 말, 이상한 말

상대방이 듣게 말하는 법

말다툼을 지혜롭게 하는 법

올바른 질문이 진실로 안내한다

약속을 지키는 건 상대를 존중하는 일이다

타인에 대한 기대는 본전 생각을 부른다

좋은 사람 만나기를 기대하기보다 나부터 좋은 사람 되기

편견의 위험

받아들여지지 않는 조언

선, 경계 지키기

거절하는 법

사과, 제대로 하는 법

4부

162

치열하게,
솔직하게,
용감하게
살고 싶다면

공부의 첫 출발, 무엇을 아는지 무엇을 모르는지를 아는 것

무엇을 하기 전에 '알려고' 하라

남은 공부량을 체크하지 마라

공부에도 근력이 필요하다

기우제 끝엔 항상 비가 온다

기회는 준비가 된 사람을 선호한다

해야 할 이유 vs 하지 않을 이유

내가 시간을 구성한다

시간을 이끌지 않으면 시간에 끌려간다

작정하고 말해야 할 때는 처음부터 끝까지 말 연습을 해라

죽음을 통해 삶을 보다

순간을 살아라

불편한 상황일수록 정면으로 마주하라

명확함이 친절한 것이다

감당할 수 있는 만큼만

생각하는 만큼, 믿는 만큼만 말하기

고민의 결과는 실천이다

주란의 법칙(Juran's Law), 숨기면 작은 일도 커진다

자기반성

나의 행복이 다른 사람의 결정에 좌우되는 순간 불행은 시작된다

뒷담화보다는 앞담화

부정적 피드백은 감사히 수용하라

중요한 일은 '어려운 결정'에 따른다

단호하면서 동시에 인간다운 결정

올바른 선택

준비가 되었다면 위험을 감수하라

대물림을 경계하라

이번 생과 다음 생을 위하여

5부

210 **오늘보다 나은
'내일의 나'가 되는 법**

인생 에너지 보존의 법칙

평범함의 위대함

당연한 것이 당연한 것이 아니다

터널의 끝은 있다

인생 시계를 재촉하지 마라

작고 적게

횡재를 구하는 마음을 경계하라

가장 쓸데없는 후회, '…했더라면'

감사는 행복의 원동력

때론 바보처럼 살아도 좋다

우회하는 삶도 괜찮다

'절대로' '반드시'는 선택적으로

팔방미인이 될 필요는 없다

재능과 지성은 특권이 아니라 선물이다

원하는 것이 있다면 마음에 싹을 틔워라

바라는 바는 이미 이루어진 것처럼

원하는 결과물을 상상하고 기획하라

결핍은 또 다른 동기를 부른다

작고 큰 성공 경험이 나를 지탱한다

능력보다는 태도가 성패를 가른다

일을 한다는 마음보다는 사람을 얻는다는 생각으로

정성을 다한다는 것

철학하라

학습은 호흡이다

삶을 풍요롭게: 음미체와 유머

지속가능한 일을 찾아야

무엇보다 우선해야 할 일, 책! 책! 책을 읽읍시다

스스로 한계를 정하지 말라

온 마음을 다하고 영혼을 실어야

인생의 목표는 자기 개선, 자기 완성

274 **에필로그**
청춘을 위한 기도

내가 끌어당기는 대로
세상은 응답한다

저는 올해로 28년 차 PD입니다. 수학, 물리, 화학을 좋아했던, '완전 이과 머리'였던 저는 한때 과학자를 꿈꿨습니다. 진로를 고민하는 과정에서 우연히 라디오 프로그램 리포터를 경험하면서 PD가 되어야겠다고 마음먹었습니다. 처음엔 음악방송 PD를 하고 싶었어요. 신나고 재미있을 것 같았습니다. 준비가 덜 된 상태에서 시험을 치렀으니 결과는 참담했지요. 1년여의 취업 재수 끝에 EBS PD가 되었습니다.

운이 좋게도 제가 맡은 프로그램들은 제 삶의 궤적과 맞닿아 있습니다. 첫 연출작은 이제 막 조연출 생활을 마친 새내기 PD의 열정을 시험하듯, 우리 사회의 저명한 분들이 나오셔서 강연하는 프로그램이었습니다. 교양과 학문의 깊이가 어디까지 이르러야 하는지, 전문가란 어떤 사람들인지, 학자란 어떤 사람들인지를 알게 된 멋진 기회였습니다. 이어서 첫아이를 임신하면서 〈육아일기〉를 맡았습니다. 덕분에 건강하게 임신과 출산을 할 수 있었습니다. 프로그램을 만드는 것이 곧 제 삶이었으니 몰입도가 아주 높았습니다. 출산 당일까지 씩씩하게 일했던 기억이 있습니다. 육아 휴직을 마치고 복귀해서는 '여성의 시각으로 세상을 이해하는' 콘셉트의 토크쇼를 연출했습니다. 이 프로그램을 통해 그동안 제가 얼마나 우물 안 개구리처럼 살았는지 처절하게 깨닫고, 다른 사람들 특히 다른 상황에 처한 여성들의 삶에 대해 알게 되면서 저 자신이 해체되는 경험을 했습니다. 이 프로그램을 통해 '지금껏 내가 누렸던 것들은 어쩌면 그들에게 일정 정도 빚을 진 것일 수도 있다'는 생각을 하게 되었습니다. 당시 7년 차 PD로서 향후 어떤 PD가 될 것인가를 다짐하는 데 결정적 계기가 되었습니다. 이후 〈생방송 60분 부모〉를 만났습니다. 여성들의 삶에 있어 엄마, 부모라는 역할은 중요하고도 버거운 일입니다. 프로그램을 통해 그들의 삶에 조금이나마 도움이 되어야겠다고 생각했습니다. 빚을 갚는 마음으로요. 이 프로그램 역시 여러 면에서 제 삶에 자극이 되었습니다. 개인적 차원에서는, 어떤 부모가 되어야 하는가는 결국 어떤 어른, 어떤 사람이 되어야 하는가의 문제와 결부된다는 걸 알게 되었고, 그래서 괜찮은 어른으로 살아야겠다는 생각을 하게 해주었습니다. 사회적으로는 우리 사회의 '모성지수'(사회가 아이와 아이를 키우는 환경에 대해 얼마나 진지하게 고려하는가에 대한 지표, 당시 프로그램에 출연하신 아기 발달전문가 김수연 박사님과 제가 콘셉트를 공유하는 차원에서 만든 말입니다)를 높이는 구조적 문제와 인식의 문제에 대해 깊이 고민하는 시간이었습니다. 그리고 결정적인 한 가지가 더 있다면, 제가 만든 프로그램을 '보고 배운다'는 시청자들의 적극적인 피드백을 통해 '무엇이 우리 인간으로 하여금 배우게 하는가'라는 학문적 호기심을 갖게 된 것입니다. 이를 탐색하기 위해 서른다섯의 나이에 교육학 박사과정을 시작했고 만 6년 만에 교육학 박사가 되었습니다.

세상은 내가 끌어당기는 방식으로, 내가 시간, 사람, 일을 대하는 방식으로 나에게 응답한다고 믿고 있습니다. 생각하는 대로 살게 된다는 말도 마찬가지 뜻일 겁니다. 제 경우만 보더라도 제가 프로그램과 제 삶을 연결 짓지 않고, 프로그램을 통해 촉발된 어떤 자극, 호기심과 적극적으로 소통하지 않았다면 지금의 저는 사뭇 다른 모습일 겁니다. 내가 나를 둘러싼 환경과 의미 있는 접속을 하기 위해서는 내 안의 의식 세포들이 깨어있어야 합니다. 그래야 자극이 왔을 때 반응을 할 수 있습니다.

이 책은, 저의 아픔에서 출발합니다. 대체로 문제없이 잘 살아지던 제 삶에 적색 등이 켜졌습니다. 곱디곱던 큰아이가 중학교에 들어가면서 다른 모습이 되었습니다. 저는 저대로 아이는 아이대로 많이 힘들었습니다. 이 시간이 몇 년간 지속되었습니다. 그 몇 년의 시간은 제 기억에서 지우고 싶을 정도로 아팠습니다. 많이 슬펐고 많이 울었습니다. 그러나…

지나고 나니, 그 시간은 아이 '때문에' 힘들었던 시간이 아니라 아이 '덕분에' 제가 '진짜 어른'으로 성장한 시간이었습니다. 아직도 많이 부족하지만 이전에 비해 조금은 너그러운 어른이 된 것 같습니다. 한때 아이는 엄마 말은 아예 듣지도 않고 튕겨내기 일쑤였으나 지금은 귀담아듣고, 자주 의견을 구합니다. 놀라운 변화이고 기적입니다. 위태로운 아이를 몇 년간 걱정스럽게 지켜보다가, 성장을 지켜보는 감사한 상황을 맞이하는 과정에서 이 책을 꿈꾸게 되었습니다.

이 책은 엄마로서, 인생 선배로서 제가 제 아이들에게 꼭 말해주고 싶은 삶의 이야기들을 그러모은 것입니다. 청년들이 인생의 장면 장면에서 부딪히는 문제들에 대해 고심할 때, 걱정스럽고 불안할 때, 누군가와 상의하고 싶고 묻고 싶을 때 말해주고 싶은 이야기를 책에 담았습니다. 50대 어른이 이 시대의 청년들을 격려하고 응원하며 들려주고 싶은 이야기들입니다. 평소 제 아이들에게 말해주었던 것들이기도 하고요. 자신을 알고 사랑하는 법, 타인과 건강하게 관계를 맺는 법, 인생을 대하는 자세 등을 담고 있습니다.

청소년과 청년들이 삶을 이렇게 일구어나가면 좋겠다는 바람으로 편안하게 쓰려고 했으나 어떤 대목은 너무 단호하거나 혹은 냉정하게 쓰인 부분도 있을 것입니다. 마냥 잘될 거야, 괜찮을 거야라고 말하기보다는, 어떻게 해야 인생을 잘 살아낼 수 있는지, 어떻게 생각하고 행동하면 괜찮을 수 있는지를 말하고자 했습니다. 이 책은 세상을 어떤 태도로 대하며 살아야 하는지, 인생의 고난을 어떻게 뚫고 살아내야 하는지 치열하게 고민하며 살라고 주문하고 있습니다. 너그러이 이해해주세요.

책은 저자가 살아가는 방식과 삶에 대한 태도를 담고 있습니다. 즉 '저자표' 인생 방식인 겁니다. 따라서 책에 쓰인 대로, 저자가 말하는 대로 살고 있지 않다고 해서 잘못 살고 있는 것이 아니며, 저자만큼 치열하게 살고 있지 않다고 해서 결코 게으른 것이 아닙니다. 저자가 루틴으로 삼고 있는 일상의 습관들을 꼭 따라 해야 하는 것도 아닙니다.

'저자표' 인생 방식을 다룬 책을 대할 때 이것 하나만 기억하면 좋겠습니다. 책을 읽는 동안 '이건 나도 해볼 만하다'는 몇 가지 통찰이 여러분 마음을 건드릴 것입니다. 그러면 그것을 해보는 겁니다. 책에 나오는 모든 다짐들을 실천하려고 애쓰지 않았으면 합니다. 내 몸에 맞지 않는 옷을 억지로 끼워 맞추려고 하면 자괴감만 들고 불행해집니다. 하나 더 보탠다면, '이건 나도 마찬가지인데' '나도 이렇게 생각하며 살고 있는데' 하는 것이 있다면 그것은 지속해보세요. 조금 더 멋진 사람이 될 겁니다. 또 하나 당부하고 싶은 건, 저자가 말하는 메시지보다 저자가 나누고자 하는 긍정과 열정의 에너지를 느껴보라는 것입니다. 삶을 치열하게 사는 사람들 특유의 긍정 에너지와 막강함이 있거든요.

세상 어디엔가는 나와 같은 고통을 겪는 사람이 있고, 또 그걸 이겨내는 사람이 있고, 나와 같은 가치관으로 용기 있게 실천하며 사는 누군가가 있다는 걸 확인하게 되면 큰 힘을 얻게 됩니다. 우연히 만난 글귀 하나, 단어 하나에 삶이 해명되는 느낌을 받기도 하니까요. 그런 마음으로 그 누군가를 위해 용기를 냅니다.

제가 제 아이들을 위해 기도하는 마음으로, 이 책을 접하는 당신을 위해 기도하고 응원하겠습니다. 위축되지 말고 어깨 쭉 펴세요.

여러분은 충분히 사랑스럽고 소중한 사람들입니다.

강영숙

1부

나를 마주하기

우리는 세상의 많고 많은 일들과 사람들에게 관심을 갖고, 살피고, 알려고 합니다. 그런데 '나'에 대해서는 어떤가요? '나를 잘 안다'라고 말하기를 주저하는 자신을 발견하게 될 겁니다. 삶의 주체인 나 자신에 대해 의외로 잘 살피며 살지 못한다는 사실이 좀 당황스럽기도 합니다. 그동안 잘 살아왔다고 자부하는 사람들도 사정이 크게 다르지는 않습니다. 누구보다 나를 가장 잘 알아야 할 사람은 나 자신인데 말이죠. 육체와 정신과 마음과 영혼 그리고 그것들의 총합이 이루어내는 모종의 플러스 알파가 '나'를 구성합니다. 나를 구성하는 것들의 면면을 잘 살피면 나의 본질에 좀 더 다가갈 수 있을 것입니다.

이 사실을 깨닫고도, 나를 진지하게 인식하는 일은 쉽지 않습니다. 그래서인지 '나'를 마주하는 것이 마냥 즐겁거나 설레지는 않습니다. 겁이 나기도 하고 조금은 두렵기도 합니다. 내가 미처 깨닫지 못했던 '나'가 '나'를 나무랄 것 같다는 생각도 듭니다. 그러나 더 이상 미룰 수는 없습니다. 부족한 대로, 부끄러운 대로, 준비가 덜 된 대로 나를 만나야겠습니다. 누구보다 먼저, 내가 나를 알아주는 것이 나에 대한 최소한의, 최대한의 예의니까요. 내가 원하는 괜찮은 삶은 나를 이해하는 것으로부터 시작한다는 사실을 꼭 기억했으면 좋겠습니다.

나는
어떤 사람일까?

　　　　　　　'나를 설명하라'는 질문을 받았다고
해봅시다. 여러분은 자신을 어떻게 설명할 건가요? 가족과
성장 배경을 통해 나를 설명하는 분도 있을 거고, 자신이 하
는 일로 설명하는 분도 있을 거고, 성격의 장단점으로, 인생
에서 중요하게 여기는 가치관으로 설명하는 분도 있을 거예
요. 다 좋습니다. 자신이 스스로를 어떤 사람이라고 생각하
는지 말해보는 것은 자기 인식의 훌륭한 연습이 됩니다. 그
런데 이 질문은 생각보다 어렵고 낯선 일입니다.

그럼 이렇게 시작해볼까요?

자신이 생각하는 장점 세 가지와 단점 세 가지를 말해보세
요. 열 가지도 말할 수 있는데, 하는 분도 있겠지만 제가 경
험한 바로는 의외로 답이 빨리 나오지 않습니다. 본부장이
되어 부별 첫 회의 때 직원들에게 물었어요. 업무 보고가 아
니라 자신의 장단점을 말하라는 저의 주문에 처음엔 많이

들 당황하더니, 이내 자신의 장단점을 떠올리려고 고민하더군요. 머뭇거리는 동료의 장점을 먼저 얘기해주는 사람들도 있었고요. 그 뒤로 저는 직원들을 볼 때 장점을 떠올리게 되었고, 서로 자연스럽게 가까워지고, 직원들의 업무 효율도 높아지더군요.

나보다 더 나를 잘 아는 사람은 없을 겁니다. 내가 어떻게 살고 싶고, 어떤 사람이고, 무엇을 좋아하고 싫어하는지, 나는 무엇을 잘하고 못하는지, 어떨 때 행복하고 불행한지….

나 자신에게 관심을 가져주세요. 내가 나를 알아가는 일은 인생의 가장 우선순위에 놓여있어야 합니다.

자아(self)를 이해하는
세 가지 차원

　　　　　　　우리가 '자아'라는 개념을 말할
때 내가 생각하는 나, 남이 생각하는 나, 내가 되고 싶은 나
이렇게 세 가지 차원이 있습니다. 이 세 차원의 모습과 특성
이 일치한다면 이상적이겠지요. 그런데 현실은 그렇지 않은
것 같습니다. 가장 안타까운 경우는, 내가 생각하는 나와 남
들이 생각하는 나 사이에 간극이 클 때, 내가 생각하는 나와
내가 되고 싶은 나 사이에 간극이 클 때입니다.

나는 내 자신을 꽤 근사하다고 생각하는데 남들은 나를 전
혀 그렇게 생각하지 않을 수 있고, 지금의 모습과 역량에 비
추어볼 때 터무니없이 이상적인 모습의 나를 꿈꿀 수도 있
습니다. 두 경우 모두 매우 고통스럽겠지요. 주변에서도 이
런 경우를 흔히 볼 수 있습니다. 일종의 자아도취형 사람들
입니다. 본인의 생각과 행위는 늘 남들보다 혁신적이고 세
련되고 진취적이라고 느끼는 사람, 보통의 일상적인 것들은
진부하고 시시한 것으로 치부하는 사람, 자신이 다른 누구

보다 똑똑하다고 생각하는 사람이 있어요. 그런데 주변 사람들의 반응을 보면 간극이 좀 있는 것 같습니다. 주변 반응이 뜨뜻미지근할수록 이 사람은 더욱 목소리를 키웁니다. 자신을 멋지다고 생각해줄 때까지요. 이런 사람들의 특징은 '척'을 많이 합니다. 아는 척, 괜찮은 척, 생각이 있는 척, 계획이 있는 척, 멋진 척이요.

반대로, 꽤 괜찮은 사람이고 근사한 사람인데 본인만 그 사실을 모르는 경우도 많이 봅니다. 성장 과정에서 칭찬과 지지 그리고 인정을 받지 못한 경우에 그럴 가능성이 큽니다. 공부나 일을 잘하면서도 늘 '나는 별 볼 일 없어'라고 자신을 깎아내리며, 자신감이 없고 위축되어있고 급기야 자기 자신을 하찮은 존재로 여기기도 합니다.

타인이 나를 어떻게 생각하는지, 내가 어떤 내가 되고 싶은지를 고민하기에 앞서 내가 나를 정확하게 보는 것이 중요합니다.

자아의 세 차원의 간극을 줄이는 첫걸음은, '진짜 나'를 파악하는 것입니다. 내가 어떤 사람인지, 어떤 모습으로 살고 싶은지, 나의 능력, 나의 성격, 나의 생활방식, 나의 습관에 대해서 잘 알고 있어야 합니다. 더불어 허세와 가식은 없는지, 남에게 잘 보이려고 내 모습을 포장하지는 않는지도요. 혼자 있을 때의 내 모습과 타인 앞에서의 내 모습이 다르지 않은지도 알고 있어야 합니다. 혹시 다르다면 내가 왜 달라지는지를 솔직하게 들여다보아야 합니다.

'되고 싶은 나'를 '멋진 모습의 나'로 설정하는 건 동기부여 차원에서 그리고 그 결과를 만들어내기 위해 노력을 할 테니까 그 자체로 문제 될 것은 없습니다. 하지만 지나치게 크고 높은 나의 모습을 꿈꾸느라 현재를 등한시하고 있지는 않은지 냉정하게 점검해야 합니다. 흔히 100을 성취하고 싶으면 120 정도의 목표를 세우라는 말을 합니다. 20 정도의 건강한 긴장과 수고는 우리의 노력 여하에 따라 감당할 수 있다는 뜻일 겁니다. 그 이상이 되면 긴장은 스트레스가 되고 수고는 힘에 부치는 정도가 되어 지레 포기하게 될 수도 있습니다. 목표만 덩그러니 높게 잡고 성취하지 못하면 그 열패감이 상당히 커집니다. 그러니 감당할 수 있는 것보다 약간만 더 높은 곳을 지향하면 좋겠습니다.

내가 생각하는 나, 남들이 생각하는 나, 내가 이상적으로 생각하는 나의 수준이 다른 것은 어찌 보면 자연스러운 일입니다. 그러니 그 차이 때문에 스트레스를 받기보다 지금의 나에게 집중해보는 것이 어떨까요?

나'임'에서
나'됨'으로

오늘의 나는 이제까지의 지식과 경험의 총합
입니다. 나로 태어나 순간순간의 나의 모습들
이 모여 내가 되어가는 것이죠. 그러니 어제의
나와 오늘의 나는 같다고 볼 수 없습니다. 어떤
내가 '되고' 싶은가요? 있는 그대로의 내 모습
도 존중해야 하지만, '되고' 싶은 '내가 되는' 것
은 더 근사할 겁니다. 나'임'에 머물러있지 말
고 꿈꾸는 '내가 되어'봅시다.

나는
새로운 세상을 만드는 존재

우리는 저마다 타고난 재능이 다릅니다. 좋아하는 것도 다르지요. 하고 싶은 것도 다릅니다. 어떤 이는 봉사할 때 빛이 나고, 어떤 이는 공부할 때 빛이 나고, 또 어떤 이는 운동을 할 때 빛이 납니다. 아무리 작고, 볼품이 없어도 내가 빛이 나는 포인트는 있습니다. 남들 눈에는 띄지 않아도 나만의 빛나는 포인트는 있습니다. 만약 그것이 작다면 더 집중해서 찾아야 찾아질 겁니다. 아직 내가 빛나는 포인트를 찾지 못했어도 괜찮습니다. 지금부터 찾으면 됩니다.

그런데 나에게 집중해야 할 시간에 자칫 눈을 밖으로 돌려 타인의 삶을 쳐다본다면요. 다른 사람은 모두 제자리를 찾아 행복해보이는데, 내 자리만 없다고 느껴질 수도 있습니다. 세상이, 인생이 나한테만 야박하다는 느낌을 받을 수도 있고요. 그건 사실이 아닙니다. 아직 내 자리, 내가 빛나는 순간을 찾지 못했다면 다소 거창한 표현이지만, 그건 바로 내가 새로운 세상을 만들기 위해 존재하기 때문이랍니다.

같은 종류의 일을 하더라도 그 시작과 과정은 저마다 다릅니다. 과정 속에서 내 방식을 찾아가는 것이 곧 나의 세계, 나의 세상을 창조하는 것입니다. 종목이 같은 운동선수들의 경우도 그 운동에 임할 때의 기본 원칙과 운동 방법은 같겠지만 나만의 훈련법을 개발하기 마련입니다. 그것이 내가 만드는 세상입니다. 이런 작고 큰 세상들이 모여 나를 만들어냅니다. 그러니 조급해하지 말고 천천히 마음의 소리에 귀를 기울이세요. 내가 무엇을 하고 싶은지, 어디에 서고 싶은지를요. 남들과 비슷한 모습이 아니면 우리는 쉽게 불안해하고 소외감을 느낍니다. 그런데 지금은 21세기예요. 하루가 다르게 세상이 변하고 있는데 남들과 다르다고 겁을 내서야 되겠어요. 오히려 남과 다른 삶을 살아보려는 도전이 환영받지 않을까요. 여러분이 젊으면 젊을수록요.

'누구처럼 되기'가 아닌

'나로 살기'

호박을 사러 마트에 갑니다. 한쪽엔 비닐 포장지의 틀에 맞춰 일정한 굵기로 키워낸 애호박이 있고요. 바로 옆엔 자연 그대로의 모습으로 울퉁불퉁한 모양을 한 호박이 있습니다. 여러분은 어떤 쪽을 선호하세요? 저는 호박을 살 때마다 두 종류의 호박을 키워내는 방식이 꼭 우리가 삶의 진로를 정하는 방식 같다는 생각을 합니다. 남들이 만들어놓은 기준과 틀에 맞추어 살 수도 있고, 야생 그대로 생긴 대로 살 수도 있지요. 마음으로는 있는 그대로의 울퉁불퉁한 호박을 지향하지만 현실은 사회의 통념 혹은 타인의 시선에 맞추어 살려고 애쓰고 있지는 않나요?

내 방식대로 산다는 게 생각보다 어렵다는 거 잘 아실 거예요. 그럼에도 불구하고 청춘의 시기에 나답게 산다는 걸 연습하고 훈련하지 않으면 더 나이 먹어서는 훨씬 어려워집니다. 왜냐고요? 결혼을 하고 가정을 이루고 아이를 낳고 키우고 늙어가시는 부모님 봉양하려면 어느새 나를 많이 잊고 살게 되거든요. 꼭 결혼 때문이 아니더라도 더 나이를 먹으면 개인적으로나 사회적으로 우리에게 요청되는 임무와 책임이 더 무겁고 많아집니다. 그런 여러 이유로 나이 먹어서 '나답게 살기'로 마음먹으면 현실과 갈등을 빚게 되고 마음이 편치 않습니다. 그러나 청춘의 시기에 '나답게 살기'가 잘 훈련이 되면 나이 먹어도 힘겹지 않게 현실과 조화를 이루어낼 수 있어요. 지금이 기회입니다.

우리는 각자 타고난 재능이 다릅니다. 그 재능을 꽃피우는 게 우리의 몫이지요. 하지만 우리는 각자 다른 재능을 사회의 잣대 혹은 타인의 잣대에 끼워 맞추며 살도록 강요하는 세상에 살고 있습니다. 나와 전혀 다른, 생김새도 다르고 성격도 다르고 가치관도 다르고 능력과 재능도 다른 '누구처럼' 살도록 말이죠. 누구처럼 되지 말고, '나'가 됩시다. 장미나 백합이 아니어도 좋습니다. 이 세상에 태어난 사명을 다하고 소임을 다하고 아름답게 지는 들꽃이어도 나가 되고 나로 살아갑시다.

어떤 분은 한 번도 '나답다'는 걸 고민해보지 못했다고 고백하시더라고요. 그럴 리가요. 우리가 순간순간 마주한 고민들이 결국은 '나답게 살기' 위한 고민이었을 겁니다. '나답게 산다'는 걸 추상적으로 생각하지 않았으면 좋겠어요. 내게 맞는 옷을 입은 듯이, 내가 말하고 행동하는 데 주저함이 없이, 불편함이 없이, 내가 행복한 방식으로(타인의 행복을 침범하지 않으면서) 사는 게 나다운 삶인 거예요.

나는 꽃입니다

꽃밭을 가꾸듯이 나를 가꾸라는 얘기를 하고 싶어요. 나 자신은 꽃이고 내 인생은 꽃밭입니다. 조건 없이 주어지는 햇빛과 바람과 공기와 물을 마음껏 흡수하고, 수시로 생기는 잡초(나쁜 생각과 나쁜 행동)를 뽑아주고, 양분(지식과 교양, 유의미한 경험들)으로 꽃과 꽃밭을 비옥하게 만들어서 예쁜 꽃을 피웁니다. 그렇게 되면 벌과 나비(좋은 친구, 선한 영향력)가 많이 찾아오겠지요. 벌과 나비를 통해 나처럼 또 예쁜 꽃이 피어납니다. 나라는 꽃이 뿜어내는 향기(인품, 됨됨이)는 주변과 세상을 향기롭게 물들일 겁니다.

모든 꽃은 예쁩니다. 저마다 색깔, 모양 그리고 향기가 다르지요. 그 모양과 색 그리고 향기가 그 꽃의 정의이고, 그 꽃 자체입니다. 여러분은 어떤 꽃이기를 소망하나요? 나라는 꽃밭에서 나라는 예쁜 꽃을 피워낸다는 생각으로 자신을 소중하게 아끼고 사랑하세요. 여러분은 꽃입니다.

나보다 더
나를 사랑하는 사람은
없다

　　나보다 더 나를 사랑하는 사람이 있을까요? 나를 낳아준 부모님이 그러실 수 있겠네요. 그런데 엄밀하게 얘기하면, 부모 입장에서 자식은 굉장히 소중한 존재이지만 '자식=나'는 아니지요. 자식 입장에서도 부모는 더없이 소중한 존재이지만 '나=부모'는 아닌 거지요. 그러니 부디 자기 자신을 아끼고 사랑해주세요. 내가 나를 사랑하지 않는데 누가 나를 나보다 더 사랑하겠습니까? 너무나 당연한 얘긴데 너무나 쉽게 망각하고 사는 것 같아요. 나는 나의 관심과 사랑 그리고 보살핌을 누구보다 간절히 기다리고 있습니다. 어떤 경우에도 스스로의 몸과 마음, 그리고 영혼을 업신여기거나 무시하지 마세요.

결과로 ―|― 나의 가치를 판단하지 말라

바라는 대로 결과가 나오지 않아서 실망할 때가 참 많습니다. 좀 더 잘할 걸 하고 과정에 대해 후회할 때도 참 많고요. 사실, 과정에서 최선을 다한다고 해서 항상 좋은 결과로 이어지는 건 아닙니다. 그런데 과정에 대한 후회가 많다면 그 결과를 받아들이는 건 몇 배 더 고통스럽고 힘들죠. '그때 조금 더 열심히 했더라면' 하는 후회는 상황을 더 나쁘게 만들 뿐입니다. 우리가 할 수 있는 건, 과정을 후회 없이, 고군분투하는 것까지죠. 그리고 결과는 기다리는 겁니다. 바라는 바대로 결과가 나왔다면 정말 감사한 것이고, 그렇지 않더라도 열심히 노력한 과정은 나에게 새겨져 있습니다. 과정에서의 치열함과 열정은 나의 노력의 근력을 더 강하게 해줄 것이고 시행착오는 다음의 시행착오를 줄여줄 테니까요. 잃은 것은 없습니다.

그런데 청년들은 이 말을 받아들이기가 꽤 힘들 겁니다. 결과가 좋지 않으면 과정을 잊거나 심지어 무시해버리기도 합니다. 과정 자체를 부정하는 것은 곧 자기부정입니다. 그렇게 하면 과정에 참여한 나 자신과 나의 노력을 동시에 무시하게 되는 것이니 우리, 그러진 맙시다.

나의 창작물, 즉 수행의 결과는 나를 대표하지만 '결과물=나'는 아니기에, 그 결과로 나의 가치를 판단하지 마세요. 그것은 내가 하는 일들 중 하나이고, 내가 수행하는 많은 역할들 중 하나입니다. 하나로 내 인생 전체를 평가하거나 비난하지 마세요. 자신의 가치를 자각하고 자신에게 솔직한, 과정에 성실한 사람은 시련 앞에 주저앉지 않습니다.

최선을 다한다는 것은 그 과정에 자기 자신이 감동할 수 있는 경지의 노력을 한다는 것인데, 스스로 최선을 다했다고 생각하면 그것만으로도 잘한 거예요. 자신을 칭찬하고 격려해주세요.

내가 나를 칭찬하는 게

가장 멋진 칭찬

✛ ✛ ✛ 누군가로부터 나의 행위와 성과에 대해 칭찬을 받는 일은 기쁜 일입니다. 여러분은 누구에게 칭찬을 받을 때가 제일 기쁜가요? 부모님의 칭찬, 선생님의 칭찬, 친구들의 부러움 다 좋습니다. 그런데 말이죠. 내가 스스로를 칭찬할 수 있다면 그건 정말 최고의 칭찬이 아닐까요? 누구보다 나를 잘 아는 내 자신이 스스로를 격려하고 칭찬할 수 있다면 그것이 온전한 칭찬이 아닐까요? 내가 나를 칭찬할수록, 칭찬거리가 많을수록 나의 자존감은 높아집니다. 혹시나 스스로 자존감이 낮다고 생각하는 분이 있다면, 본인만의 칭찬거리를 찾아보세요. 남들은 나만큼 나를 모릅니다. 그러므로 나를 잘 살펴서 칭찬할 거리를 찾고 마음껏 칭찬해주세요. 매일 이 연습을 하다 보면 어느새 스스로를 대견하게 여기게 됩니다. 자신의 장점을 잘 아는 것이 나라는 사람을 잘

파악하는 것이라면, 칭찬은 장점을 포함하여 일상에서 나의 말과 행동, 그리고 일의 과정과 결과에 있어 스스로 잘했다고 생각하는 점을 누구 눈치 보지 않고 속으로 '아싸. 내가 해냈어. 내가 이런 사람이야!'라고 외치는 겁니다. 자신을 칭찬하는 신나는 습관이 생기면 나도 모르는 사이에 자신감이 차오르고 얼굴빛이 환해집니다.

우리는 스스로를 칭찬할 거리가 많은데 칭찬하지 않고 그냥 넘어가거나 타인의 칭찬만을 갈구하다가 기대만큼 칭찬을 받지 못할 때 실망하곤 합니다. 스스로를 칭찬하는 데 주저하지 마세요. 사소한 것부터 칭찬해보세요. '오늘도 열심히 살아낸 나를 칭찬해' '목표한 걸 이루어낸 나를 칭찬해' '남을 위해 착한 행동을 한 나를 칭찬해' '게으르고 싶은 유혹을 잘 이겨낸 나를 칭찬해' '운동하겠다는 약속을 지킨 나를 칭찬해' '잘 살고 있는 나를 칭찬해' 하고 말이죠.

실패는

✕ 실패가 아니다

우리는 모두 불완전한 존재입니다. 부족한 것투성이죠. 마음에 안 드는 점도 참 많아요. 그렇지만 '다 괜찮아' '이 정도면 나는 괜찮은 사람이야'라고 자신을 긍정해주세요. 나를 긍정해주는 한마디로 내 영혼과 몸과 마음이 살아나거든요. 사회적으로, 남이 보기에 꼭 '훌륭'하거나 '좋지' 않아도 됩니다. 스스로 '괜찮다'고 인정하고 긍정할 정도만 되어도 잘 살고 있는 겁니다.

새로운 상황과 환경에 놓이면 긴장하는 탓에 평소 하지 않던 실수도 하게 됩니다. 익숙한 것도 틀리게 되고요. 우리 자신에게 실수와 실패를 해도 괜찮다고 말해주세요. 실패가 허용되는 환경에서 배움과 창의성 그리고 혁신과 변화를 기대할 수 있습니다. 우리는 '실수를 통해서 배운다'는 말에는 쉽게 수긍하면서 실제로는 실수를 품어주지 않는 것 같아요. 실수를 온전히 받아들이면 같은 실수는 되풀이되지 않을 겁니다. 특히 젊은 시절의 실수와 실패는 성장에 크나큰 자양분이 될 겁니다.

저도 모르게 습관적으로 실패나 실수라는 단어를 썼는데요. 저는 사실 실수나 실패는 그 순간에만 허용되는 말이라고 생각합니다. 대학에 불합격했다고 하면 그 순간은 실패라고 생각할 수 있습니다. 그러나 그걸 계기로 다른 진로를 선택하거나 혹은 다음 해 수험생활을 더 열심히 하게 되었다면 결코 실패가 아니지요. 제 경우만 해도 그렇습니다. 좋아하는 분야로 대학에 진학했지만 기대만큼 흥미롭지 않았습니다. 공부도 열심히 하지 않았고 성적도 낮았습니다. 그러다 보니 대학원에 진학하고자 하는 대부분의 과 동기들에 비해 진로에 대한 고민을 조금 일찍, 깊게 하게 되었고 지금의 제가 되었습니다. 이 얘기도 해드리고 싶네요. 몇 군데 방송사에 불합격한 후 EBS PD가 되었습니다. 지금 생각하면 EBS PD가 된 것은 제 삶에 대단한 축복입니다. EBS를 만난 덕분에 사람과 상황을 볼 때 교육적 고려를 늘 염두에 두는 사람이 되었으니까요. 이 또한 한때의 실패 덕분이지요. 만약 제가 전공 공부에 흥미를 느끼고 공부도 열심히 하고 성적이 좋았다면 지금의 저는 없을 겁니다. EBS가 아닌 다른 방송사의 PD였다면 지금의 저는 없을 겁니다. 그 삶도 나쁘지 않았겠지만 적어도 지금의 제 모습과는 많이 다를 겁니다. 그러니 대학 시절 그리고 어느 순간에 경험한 제 실패는 실패가 아닌 겁니다. 결국 실패는 없습니다.

고민하는
나를
응원하기

어른들이 흔히 요즘 젊은이들은 생각이 없다고 혀를 차지만, 실제로 저는 청년들이 자신의 삶에 대해 진지하게 고민하는 모습을 많이 봐왔습니다. 그 모습을 지켜보며 희망을 봅니다.

저는 제 아이들과 고등학생들의 랩 경연 프로그램을 꼭 챙겨봅니다. 노랫말에 담긴 청소년의 고민을 읽을 수 있고, 그들이 인생을 대하는 태도, 삶에 대한 고민을 만날 수 있기 때문입니다. 청소년들이 그들의 삶과 가족, 그리고 꿈과 미래에 대해 얼마나 깊이 고민을 하는지 감탄할 정도입니다.

큰아이가 군복무 중입니다. 연락을 주고받을 때마다 시간이 멈춘 것 같다고 답답해합니다. 군대라는 특수한 상황, 자유가 구속되고 행동이 통제되는 상황에서 어떻게든 의미 있게 시간을 쓰고 싶어 하는 아이의 바람, 고민하는 아이를 보며

'잘 살고 있구나'라는 생각을 합니다. 아들에게 이렇게 말해줍니다. "고민하는 너 자신을 보듬어주고, 잘 살고 있다고 말해주렴. 고민으로 마음 졸이며 보낸 이 시간을 기억하고, 고민했던 주제들을 깊이 새기며 해결할 상황이 올 때 그때 고민에 날개를 달아주자. 잊지 말아라. 고민하는 건 네가 진정 살아있다는 뜻이니 고민하는 너를 자책하지 말고 격려해주어라. 고민이 없다면 오히려 그것이 더 큰 문제다. 주어진 환경에서 어떻게든 잘 살아보려고 하다 보니 답답함도 느끼는 것이고 시간이 아까운 줄도 알게 되는 것이란다. 그러니 너무 조급해하지 말아라"라고요.

나의 선택,

_|_

내가 좋을 선택

제가 공부를 잘해야겠다고 생각한 결정적 계기가 있습니다. 저에게는 5살 터울의 오빠가 있습니다. 부모님은 딸 셋을 낳으신 뒤 아들을 얻으셨고 이어서 막내딸인 저를 낳으셨지요. 오랜 기다림 끝에 얻은 아들이 공부 잘하기를 기대하시는 건 어찌 보면 당연한 일입니다. 그런데 오빠는 그 기대에 부응하지 못했어요. 어느 날 엄마가 중학생인 오빠의 성적표를 보시며 눈물을 훔치는 모습을 제가 보게 된 겁니다. 그때 저는 '오빠가 공부를 잘하지 못해서 엄마가 속상하시구나. 내가 공부를 잘해서 엄마를 기쁘게 해드려야지'라고 생각했습니다. 그날부터 저는 예습 복습을 철저히 했고, 누가 시키지 않아도, 선생님이 숙제를 내주지 않아도 색색깔 사인펜을 동원해 빼곡하게 노트 정리도 했습니다. 지금 생각하면 초등학생이 그렇게까지 할 필요도, 할만한 것도 없었다 싶지만 아무튼 저는 그 무렵부터 공부의 정석을 스스로 깨쳤습니다. 늦둥이 막내로 태어나 식구가 많으니 자연스레 철이 빨리 든 측면도 있을 것입니다.

그런데 나이가 들고 나서, 공부를 잘해야겠다고 마음먹은 계기가 엄마를 기쁘게 하고자 하는 마음에서가 아닌, 나 스스로 기쁘기 위해서였다면 어땠을까 하는 생각을 아주 가끔씩 해봅니다. 물론 그때 이후로 저는 스스로 선택하고 결정하는 매우 독립적인 아이가 되었고, 성인이 되었습니다만 누구를 위한 선택보다는 나를 위한 선택이 훨씬 좋은 결정이 아닐까 생각합니다. 저도 모르는 사이에 '착한 딸 콤플렉스'가 작동한 것일 수 있습니다. 제가 성인이 되면서 했던 여러 결정들 가운데 때때로 저 자신이 기쁘고 만족스런 결정보다는 '이렇게 하면 엄마가 걱정을 하시지 않을까? 엄마를 걱정시키면 안 돼, 엄마를 슬프게 하면 안 돼'라는 생각에 엄마가 원했을 결정을 한 적이 있거든요. 그런 결정들을 떠올릴 때마다 '착한 딸'로서의 결정이 아닌 '스스로를 위한 결정'에 대한 아쉬움이 여전히 남아있는 걸 확인하게 됩니다. 여러분은 누구를 위해서가 아닌 여러분 자신을 위한 선택을 하길 바라는 마음에 남기는 말입니다.

나만의 쉼터 만들기

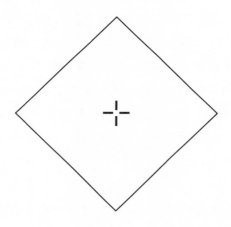

많이 지치고 힘들 때, 그 시간을 어떻게 이겨내나요? 저는 몸이 힘들 땐 잠을 자고요. 마음이 힘들 땐 엄마 생각을 합니다. 그리고 저의 멘토를 만납니다. 저희 어머니는 치매를 앓고 계셔서 저를 잘 알아보지 못하세요. 하지만 한참 눈을 마주치고 얘기를 하다 보면 막내딸인 줄 알아채시고 흐뭇한 미소를 띠십니다. 엄마 얼굴을 보는 순간, 나의 존재감이 살아나고 가슴이 다시 따뜻해져요. '나는 엄마가 사랑하는, 엄마가 자랑스러워하는 막내딸이다.' 이런 마음이 들면서요.

멘토와의 인연은 23년째인데요. 처음엔 방송국 PD와 전문가의 관계로 만났는데 지금은 저의 멘토이자 베스트프렌드입니다. 선생님과 저는 열 살이라는 나이 차이가 있지만 서로 멘토라고 여기며 지내고 있어요. 삶에서 중요하다고 생각하는 가치를 공유하고, 치열하게 삶을 살아가며, 서로를 응원하고 격려하는 관계이지요. 이런 존재는 힘들 때뿐만 아니라 평상시에도 큰 위안이 됩니다. 선생님도 힘들고 우울할 땐 저에게 '강 PD, 긍정 에너지 좀 보내줘요' 하고 연락을 하십니다. 더 힘드실 땐 '통화 좀 합시다. 강 PD 목소리를 들어야 힘이 날 것 같아'라고 하시지요. 우리는 서로에게 든든한 우군입니다.

자신을 기분 좋게 하는 대상이 있나요? 자신을 회복시키는 방법을 알고 있나요? 그 대상은 사람일 수 있고, 장소일 수도 있고, 어떤 물건일 수도 있고, 행복했던 기억일 수도 있고, 특정한 소리일 수도 있습니다. 잘 모르겠다 싶으면, 자신을 좀 더 관찰하고 탐색해보세요. 나는 어떨 때 기분이 좋은가? 힘들 때 무슨 생각, 어떤 걸 하면 극복이 되는가? 하고 말이죠.

부모에게 자식이란…

완벽한 자식은 없다

부모와 자식, 그리고 가족에 대한 얘기는 참으로 조심스럽습니다. 왜냐하면 부모, 자녀, 가족을 떠올렸을 때 저마다 다른 만 가지 감정이 드니까요. 행복의 미소를 떠올릴 수도 있지만 정반대의 경우도 많습니다. 게다가 지금 세대는 가족, 부모라는 이름이 생물학적 혈연관계를 넘어 내 인생을 뒷받침하는 중요한 자원으로 여겨지는 세상에 살고 있으니 가족, 부모에 대한 솔직한 얘기는 더 어렵게 느껴질 겁니다. 그럼에도 불구하고, 부모에게 자식이란 어떤 존재일까를 말하고 싶은 건, 자녀들이 부모에 대해 어떻게 생각하든지 간에 자식에 대한 부모의 변하지 않는 진실, 진짜 마음을 알려드리고 싶어서입니다. 자녀들이 이런 부모 마음을 모르거나 의심하여 관계가 나빠지는 경우를 많이 보았거든요.

부모님을 떠올려보세요. 얼굴도 떠올려보고 목소리, 미소 그리고 화난 표정까지 찬찬히 떠올려보세요. 여러분이 공부를 못한다고, 좋은 대학에 가지 못했다고, 남들처럼 번듯한 직장을 구하지 못했다고 부끄러워하실까요? 못난 녀석이라고 못마땅해하실까요? 절대 그렇지 않습니다. 정말 그렇게 생각하지 마세요. 물론 이런 일은 있을 수 있겠네요. 부모와 자녀 사이에 갈등을 빚을 때 마음에 없는 소리가 나올 수는 있어요. 그 말이 자녀 마음에 오랜 시간 깊은 상처로 남아있을 수 있습니다. '못난 녀석' '그렇게 해서 나중에 뭐가 되겠니?' '네가 하는 일이 그렇지 뭐, 쯧쯧' '언제쯤 사람 구실 할래?' '뉘집 아들딸은…' 참 아픈 말들입니다. 모진 말들이에요. 부모가 자식을 상대로 그런 말을 하면 안 되지만 어리석게도 우리는 늘 실수를 합니다. 부모가 실수한 겁니다. 그러나 진심으로 그렇게 생각하고 말하는 부모는 단 한 명도 없을 겁니다.

다시 강조해서 말씀드리지만, 부모에게 자식이란 그 자체로 귀하디 귀한 존재입니다. 금이야 옥이야 깨질까 다칠까 행여 아플까 노심초사하게 만드는 존재입니다. 부모인 나는 아파도 자식인 아들딸은 아프지 않기를 바라지요. 자식들에게 걱정거리가 생기면 부모는 그 열 배, 백 배 마음을 졸인답니다. 그런데 아들딸들이 부모의 그런 마음을 잘 몰라주는 것 같아요. 부모는 자식이 부족하면 부족한 대로, 모자라면 모자란 대로 사랑하고 있습니다. 어떤 경우에도 부모님의 자식을 향한 사랑을 의심하지 마세요.

완벽한 부모는 없다

어린 자녀에게 부모는 세상의 전부이고 우주 그 자체입니다. 부모는 아이를 먹이고 입히고 재우면서 정성을 들여 키웁니다. 아이가 모르는 걸 물어보면 모르는 게 없는 사람처럼 척척 대답을 해줍니다. 어느덧 아이는 학교에 들어가고 점점 자라면서 부모도 틀리는 게 있고 모르는 게 많다는 사실을 알게 됩니다.

맞습니다. 어린 자녀만큼이나 부모도 부족하고 미약한 존재입니다. 부모가 된다는 것, 아이를 키운다는 것, 어른이 된다는 것에 대해 배운 적이 없습니다. 결혼하고 어찌 하다 보니 부모가 되었습니다. 부모로서 살아가는 삶은 이전의 삶과 확연히 다릅니다. 준비 없이 부모가 되는 경우가 대부분이고요. 부모도 부모 노릇이 처음이라 첫아이를 키울 때는 온갖 시행착오를 겪습니다.

부모 입장에서 자녀들에게 당부하고 싶습니다. 부모도 부모 노릇이 처음이었으니 그 어리숙함과 미숙함을 조금은 너그럽게 이해해주면 좋겠습니다. 부모 기준에서 잘해보려고 노력했던 것들이 자녀 입장에서는 그렇지 않을 수 있다는 점 인정합니다. 어떤 대목은 방식 자체가 잘못된 것들도 있습니다. 인정합니다. 그러나 그 과정의 고심과 고충까지 무시하진 말아주세요. 나름대로 열심히 노력한 측면에 대해서는 자녀들의 인정을 바라는 것이 부모들의 솔직한 마음이랍니다. 더 잘난 부모를 만났더라면, 돈이 더 많은 부모를 만났더라면, 인생의 고비마다 척척 문제를 해결해줄 수 있는 부모를 만났더라면 하는 생각을 할 수 있습니다. 그러나 주변을 돌아보세요. 그런 완벽한 부모가 있던가요? 우리가 해야 할 건 완벽한 부모를 바라는 것이 아니라 부모와 자녀가 소통하고 서로 이해하고 화합하며 맞추어가는 일일 겁니다. 완벽한 부모, 완벽한 자녀는 우리가 만들어낸 신화일 수 있습니다.

있는 그대로의
나를 인정하기

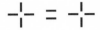

어떤 날은 내 자신이 대견하고 자랑스럽고 마음에 쏙 들다
가도 또 어떤 날은 내가 내가 아니면 좋겠다는 생각이 들기
도 합니다. 나의 성격, 성향, 능력, 생김새 등에 대해 다른 사
람의 그것과 바꿔치기했으면 좋겠다는 생각을 할 때도 있지
요. 내가 저 사람으로 태어났더라면, 나도 저 사람처럼 똑똑
했으면, 자신만만했으면, 잘생겼으면, 저 사람의 부모가 내
부모였으면 하는 슬픈 상상을 하기도 합니다. 똑똑하거나
자신만만해지고 싶다면 이건 나의 노력 여하에 따라 얼마든
지 이룰 수 있는 거니까 건강한 자극이 될 겁니다. 그러나 태
어남과 부모를 포함한 가족 변인은 바꿀 수가 없는 거니까
마음을 달리 먹는 게 좋겠습니다. 가족과 부모가 나에게 매
우 비중 있는 존재이기는 하지만 '부모=나, 가족=나'는 아
니므로 온전한 나, 즉 '나=나'를 만들어가는 데 집중하면 좋
겠습니다. 태생적으로든 환경적으로든 지금의 내 모습과 내

주변의 모습에 불만이 있다면, 나로부터 시작되는 삶과 이후의 세대는 적어도 내 마음에 흡족하도록 만들면 됩니다. 나로부터 시작되는 나의 이야기는 내가 바꿀 수 있습니다.

내가 나를 보고 있다

신독(愼獨). '홀로 있을 때도 도리에 어긋남이 없도록 언행을 삼간다'는 뜻입니다. 홀로 있을 때 누가 나를 볼까요? 내가 나를 보겠죠. 문 닫고 공부한다고 책상 앞에 앉아있는 나, 과연 얼마나 공부에 집중하고 있을까요? 음악 듣고 유튜브도 좀 보다가 인터넷 검색하다가 어느새 시간이 훌쩍 지난 걸 알고 화들짝 책장을 펼치는 일이 다반사지요. 누가 볼 때는 열심히 일하는 것처럼 보이지만 관리자가 자리를 비우는 순간 바로 딴짓을 하는 경우도 많지요. 누가 보든 보지 않든 정직하게 공부나 일을 한다는 건 철저하게 자기관리를 한다는 뜻입니다. 말처럼 쉬운 일은 아니에요. 홀로 있을 때 마치 남이 나를 지켜보고 있는 것처럼 행동하기란 여간 어려운 일이 아니지요.

그런데 참 희한하지요. 남의 눈 무서운 줄은 알면서 내가 나를 지켜보고 있는 건 전혀 생각지 않으니까요. 내가 나를 지켜본다는 건 생각할수록 두려운 명제입니다. 남의 눈은 속여도 자신은 못 속입니다. 남들이 모르는 나의 모습을 나는 알고 있습니다. 적어도 스스로에게 부끄럽지 않은 모습으로는 살아야겠지요. 나 자신에게 당당하면 그 누구에게도 당당할 수 있어요. 나 자신에게 좀 더 가까이, 두려워 말고 솔직하게 다가가기로 해요. 그리고 나를 믿어봅시다. 내가 나를 믿을만한 사람이라고 느끼면 잘 살고 있는 거예요.

밖이 아닌
내 안에 집중하라

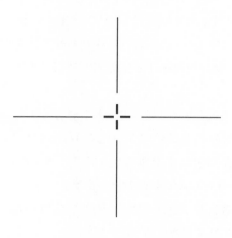

우주에서 내가 컨트롤할 수 있는 건 나 자신이 거의 유일하다고 볼 수 있습니다. 부모도, 자식도, 부부도, 친구도 내 맘대로 할 수가 없잖아요. 엄밀히 말해서, 나 자신도 백 퍼센트 내 맘대로 할 수 있는 건 아니지만 말이에요. 내가 어떤 사람이고 싶은지, 내가 어떻게 살고 싶은지, 내가 무엇이 되고 싶은지, 내가 어떻게 생각하는지, 내가 어떻게 하고 싶은지 등 인생의 중요한 과제들을 풀어나감에 있어 가장 중요한 건 내 마음의 소리를 듣는 겁니다. 나 외에 다른 사람이 나에 대해 어떻게 평가할지는 접어두어도 좋아요. 아니 꼭 그래야 해요. 내가 이렇게 하면 다른 사람이 어떻게 볼까라는 생각이 나를 침범하게 허락하지 마세요.

인생의 무게중심을 내 안에 두어야 합니다. 주변 사람이나 환경은 언제든 바뀔 수 있고, 늘 변할 수 있는 타인과 외부환경에 나와 나의 생각을 맞추다 보면 어느새 나는 없어지고, 주변과 환경에 맞추는 나만 남습니다. 결국 '나는 없는' 그런 삶을 살게 돼요. 이 말을 타인을 무시해라, 외부환경과 담을 쌓으라는 말로 이해하지는 않을 거라고 생각해요.

내 삶의 주인은 바로 나입니다. 내가 중심입니다. 더불어 어떤 문제 상황이 생겼을 때 그 해법은 내 안에서 찾아야 합니다. 원인을 타인과 환경에서 찾으면 진정한 해법을 찾기 어렵습니다. 내가 다르게 생각해야 할 점은 없는지, 내가 실수한 점은 없는지 등을 점검하는 것이 훨씬 더 긍정적 결과에 도달할 수 있게 해줍니다.

의식은 말을 지배하고
말은 의식을 지배한다

생각하는 대로, 말하는 대로 이룬다는 말이 있습니다. 어떤 생각을 하느냐, 어떤 말을 하느냐가 중요하다는 뜻입니다. 말은 곧 의식에 영향을 미치고 의식은 말에 영향을 미칩니다. 그러니 우리는 내가 진실로 원하고 바라는 바를 생각하고 그것을 정제된, 교양 있는, 지적인 말로 표현해야 합니다. 그 말은 곧 내 의식에 영향을 미쳐 원하는 대로 되기 위해서 행동하게 합니다. 말처럼 정제되고 교양 있고 지적인 사람이 되려고 노력하게 돼요. 즉, 내 삶은 내가 생각하고 말하는 대로 구성되고 완성됩니다.

또 좋은 말은 좋은 생각을 불러일으킵니다. 의식(생각)은 말을 지배하고, 말은 의식(생각)을 지배하거든요. 우리 입 밖으로 나온 말은 누가 듣나요? 가장 먼저 나 자신이 듣습니다. 가끔 이런 경우를 봅니다. 그럴 사람이 아닌 것 같은데 말을 굉장히 값싸게 하는 사람이 있습니다. 그렇다면 그 사람은 값싼 생각을 하는 사람입니다. 품위가 있고 괜찮은 사람이 말을 값싸게 할 일은 없습니다. 생각은 멋진데 말만 값싸게 하는 사람은 없습니다. 말은 그 사람의 지문과 같습니다. 그 사람 자체이지요. 말이 어눌한 것과 말이 값싼 것은 다른 문제입니다.

말과 생각은 철저하게 연결되어 있으므로, 생각과 말이 서로를 잘 견인할 수 있도록 해야 합니다. 말을 잘하고 싶다면 사고를 깊이 하는 연습이 필요합니다. 말은 인격입니다.

꿈을 써라
그리고 보아라

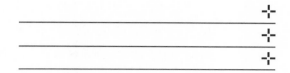

청소년, 청년들을 만나서 진로 상담을 하면 저는 꼭 숙제를 내줍니다. '나는 무엇이 되고 싶은가?' 그것은 꿈이 될 수도 있고 직업이 될 수도 있고 어떻게 살고 싶다는 인생의 목표가 될 수도 있습니다. 이해하기 쉽게 직업을 예로 들게요. 내가 A라는 직업을 갖고 싶다고 했을 때 다음 단계는 무엇이 되어야 할까요? 우선은 내가 그 직업을 왜 갖고 싶은지, 그 일에 필요한 능력(역량)은 무엇인지, 그 역량 중 현재 내가 갖추고 있는 역량은 무엇인지, 아직 내가 갖추지 못한 역량은 무엇인지 파악하고 목록화하는 것입니다. 즉, 소망 가치와 실천 가치를 표로 만들어 가시화하는 것이죠. 물론 이 표에는 시도하지 못하는 이유도 포함되면 좋아요. 이 표를 만들고 나면, 정말로 내가 이 직업을 원하는 것인지 아니면 막연하게 그렇다고 느끼는 것인지에 대한 진단부터 어느 정도의 현실 가능성이 있는지까지 점검할 수가 있어요.

그 직업을 갖고 싶다는 막연한 생각에 젖어 매일 같은 고민만 하고 있으면 시간이 지나도 제자리걸음일 겁니다. 목록에 따라 그중 한 가지를 위해 발걸음을 떼고 실천을 해야 합니다. 한 단계 나아가면, 즉 발걸음을 떼면 그 단계에서 새로운 문제들을 맞닥뜨려요. 고민만 하던 첫 단계에서 안 보이던 것이 다음 단계에서 보이거든요. 그러면 다시 표를 수정하고 또 실천하는 겁니다. 실천은 하지 않고 고민만 하다가 목표나 꿈을 포기하는 경우를 많이 보았어요. 일단 발걸음을 떼고, 해봅니다. 그러면 다음 단계에서 해야 할 일이 보입니다.

제가 일을 병행하면서 석사과정과 박사과정을 마쳤기에, 저에게 진학 상담을 요청하는 후배들이 간혹 있습니다. 대부분 일하면서 대학원 공부를 병행하는 것에 대해 주저하는 마음이 큰 상태로 저를 만납니다. 만나는 후배들마다 저는 똑같은 방식으로 진학 상담을 해줍니다. 위에서 이야기한 바로 그 방법대로입니다. 일하면서 어떤 계기로 대학원 공부를 하고 싶은지, 어떤 전공을 선택하고 싶은지, 전공에 따라 대학과 지도교수를 찾는 방법, 지도를 받고 싶은 교수님께 정중하게 연락하여 진학 상담을 청하는 방법, 면담이 허락된다면 면담 시 준비해가야 할 목록들(자기소개서, 학업계획서 등)까지 자세하게 안내를 해줍니다. 그런데 한참 후에 만나면 제가 안내한 대로 실천한 후배는 몇 안 됩니다. 그만큼 고민을 실천으로 옮기는 건 어려운 일입니다. 어떤 경우는 다음 해 그다음 해에도 진전 없이 제자리에 머물러있기도 합니다.

뭔가를 계획하고 고민하고 있다면 그것을 가시화해서 자주 들여다보세요. 그리고 뭔가 달라진 게 있다면 내용을 수정하세요. 고민은 고민으로 끝나지 않고 실천할 때 내 편이 됩니다.

╋ _____
╋ _____
╋ _____
╋ _____
╋ _____
╋ _____

먼저
나 자신을
설득하라

중요한 일을 진행해야 할 때, 저는 그 일이 어떤 의미인지, 이 일이 잘되어야 하는 이유, 그리고 그것을 내가 잘해야 하는 이유에 대해 고민하느라 많은 시간을 씁니다. 그런데 의외로 많은 사람들이 일을 시작할 때 자기 생각을 점검하기보다, '저 사람은 어떻게 생각할까?' 혹은 '저 사람을 어떻게 설득하지?'라는 생각에 몰두하는 경향이 있어 보입니다. 일이 의미하는 바에 집중하기보다 보고를 위한 보고, 보고서를 위한 보고서를 고민하는 모습을 많이 봐왔습니다. 나 자신이 무장되지 않았는데 상대방을 설득할 수 있을까요? 그일을 해야 할 이유에 대해 완전히 몰입하고 집중하지 않은 사람의 말에 누가 설득이 될까요?

깊은 고민과 충분한 자료조사와 연구 끝에 '됐다' 싶으면, 즉 내가 스스로 설득되면, 타인을 설득하는 건 뒤따라오게 되어있습니다. 왜냐하면 내 말에서 스며 나오는 자기 확신과 힘이 그대로 상대에게 전달되기 때문이지요. 나의 머리끝부터 발끝까지 '나는 이 일을 완전히 파악하고 있다, 사태를 장악하고 있다. 이 일은 이런 결과에 도달하게 된다'는 에너지가 뿜어져 나오면 상대방은 나의 에너지에 승복하게 되어있어요. 나 자신도 설득하지 못하면서 어떻게 남을 설득할 수 있겠습니까?

친구 탓이 아니다

✕ ✚ ✕

우리는 어릴 때부터 친구를 잘 사귀어야 한다는 얘기를 많이 듣습니다. 이 말은 진짜 맞는 말입니다. 그리고 두려운 말이기도 합니다. 왜냐하면 친구를 보면 그 사람이 보이거든요. 내가 어떤 친구를 사귀느냐의 문제는 내가 어떤 사람이냐를 보여주는 중요한 시금석입니다. 사람은 누구나 자신만의 고유한 파장을 갖고 있습니다. 그 사람이 풍기는 에너지라고나 할까요. 내가 어떤 사람인지에 따라, 나의 파장이 나오고, 어디선가 그 파장과 같은 파장을 갖고 있는 사람이 내 곁으로 다가오게 되어 있습니다. 그러니 사춘기 때 친구를 잘못 사귀어서 방황했다거나, 성품이나 인품이 좋지 못한 친구를 만나 내 일이 잘못된 것은 친구 탓이 아닙니다. 내 자신이 그런 측면을 갖고 있기 때문입니다. 친구 탓을 하면 잠깐은 마음이 편해집니다. 나에게 귀책사유가 없는 것처럼 느껴지니까요. 하지만 그것이 진실이 아니라는 건 누구보다 내가 잘 알고 있습니다.

내가 그런 파장을 내보냈기 때문에 비슷한 파장을 갖고 있는 친구들이 나와 만나진 것입니다. 내게 그런 파장이 없으면 그런 친구는 나와 연결될 일이 없답니다. 우리가 흔히 코드가 맞다고 얘기하는 것도 마찬가지예요. 삶의 가치에 대한 지향이 같고, 일상생활을 꾸려가는 방식이 엇비슷해야 친구가 됩니다. 결국 내 문제인 거지요. 친구 탓이 아닙니다.

좋은 습관도
나쁜 습관도

습관은 제2의 천성이라는 말이 있습니다. 습관은 곧 나를 말합니다. 우리가 지금 무엇이 되어있다면, 어떤 일을 해냈다면 그것은 다 습관 덕분입니다. 나의 습관들이 내가 가진 재능을 실현하도록 도움을 준 것입니다. 또 계획대로 해내지 못했다면 잘못된 습관 탓일 겁니다. 습관의 힘은 위대합니다. 그러나 좋은 습관을 만들고 지속가능하게 유지하는 것에는 큰 노력이 필요합니다. 습관을 주제로 한 책들이 정말 많다는 사실만으로도 습관의 힘을 느낄 수 있습니다. 좋은 습관이 인생의 성공을 부른다는 말이 있을 정도니까요.

습관은 나도 모르는 사이 나의 것이 되기 때문에 좋은 습관을 장착하는 건 분명 나에게 좋습니다. 좋은 습관의 기본 원칙은 좋은 환경에서 좋은 사람을 가까이하는 것입니다. 좋은 환경에서 얻은 것을 내 것으로 만들고, 좋은 사람에게서 얻은 것을 내재화하는 것입니다.

우리가 좋은 습관을 들이려고 애쓰는 건 아마도 잘 살아내고 싶은 욕구에서 기인할 것입니다. 어제보다 조금 나아진 나를 발견하고 싶은 기대가 있어서일 겁니다. 그러니 어떤 습관을 가져야 할까요? 저마다 잘 산다는 것의 기준과 내용이 다를 것이니 남들이 모두 한다는 그 습관을 따라 하기보다 내가 꼭 하고 싶고, 할 수 있다고 믿는 그것을 습관으로 만들어보세요. 요즘 일찍 기상해서 학교 가기 전 혹은 출근하기 전에 모닝 루틴을 습관화하는 것이 유행인 것 같습니다. 다 좋습니다. 그런데 그것이 내가 도저히 할 수 없는 일이면 무작정 따라 하지 마세요. 할 수 있는 걸 꾸준히 하는 게 중요합니다. 오후도 좋고 저녁 시간도 좋고 잠자기 전도 좋습니다. '저 사람은 정말 대단해, 저런 빡빡한 루틴을 어떻게 지킨대?' 하는 부러움을 사는 그 습관들은 보통의 경우 지키기 어렵다는 거 잘 아실 겁니다. 마음은 여기까지 왔지만 몸은 여기까지 따라오지 못하는 경우가 많습니다. 좋은 습관을 갖는 게 중요하지만 그보다 더 중요한 건 몸과 마음이 조화롭게 움직이도록 하는 것입니다.

2부

나의 마음
읽기

설상가상이라는 말이 있어요. 나쁜 상황일 때 나쁜 상황이 겹친다는 말인데요. 정말 그럴까요? 문제가 생길 확률은 최고의 상황에서든 최악의 상황에서든 비슷할 거예요. 다만 우리가 최악의 상황일 때 문제를 더 크고 예민하게 받아들인다는 뜻이겠지요. 최악의 상황을 흔히 '바닥을 친다'고 표현해요. 그런데 정말 바닥 맞나요? 최악의 상황보다 더 바닥인 경우가 우리를 기다릴 때도 많아요. 여기가 끝이려니 생각했다가 끝이 아닌 경우 많이 겪어보셨을 거예요. 우리가 할 수 있는 것은 그런 상황일 때 긴장이나 버텨냄의 강약을 조절하는 힘을 키우는 것입니다. 상황을 어떻게 보느냐는 결국 마음의 문제이니까요.

내 마음과 감정의 상태를 여러 갈래로 읽어보려는 노력이 절실히 필요하다는 걸 매일 매 순간 느낍니다. 그러나 마음은 읽기가 어렵고, 때로는 모른 척 외면하고 싶게 만드는 존재입니다. 그럼에도 불구하고 나의 약함, 나의 기쁨, 나의 불안, 나의 분노를 마주해야 감정에 휘둘리지 않고 더 강해질 수 있습니다.

심리적 갑옷을 벗자

우리는 저마다 남에게 들키고 싶지 않은 모습을 갖고 있습니다. 그런 이유로 누구나 자신을 지키는 갑옷 하나쯤은 입고 있지요. 나는 어떤 이유로, 언제부터 갑옷을 입게 되었을까요? 자신의 약함을 숨기고 싶을 때, 숨고 싶을 때 갑옷을 입게 됩니다. 그리고 누가 나를 다치게 하지는 않을지, 나 자신의 약함이 외부의 공격에 뚫리지는 않을지 하는 걱정 때문에 갑옷을 입게 되지요. 마음의 갑옷이든 몸의 갑옷이든 그 무거운 것을 지탱하기란 여간 힘든 일이 아닙니다. 갑옷의 실체가 있는 건 아니지만, 일어나지도 않을 일을 대비해 심리적 갑옷을 입고 있다는 건 정말 힘든 일이겠지요. 그리고 갑옷이 단단하고 두꺼울수록 한번 뚫리면 치명상을 입게 될 겁니다.

나의 약함과 부족함을 혹시 누가 알게 된다면, 그가 그것을 가지고 나를 공격할까요? 그렇지 않습니다. 내가 먼저 나의 약함을 인정하고 말하면, 타인도 그의 약함을 인정하고 말하게 됩니다. 누가 먼저 얘기를 꺼내느냐의 문제라고 생각해요. 내가 나의 약함을 인정하는 순간, 상대방은 나를 인간적이라고 생각하고, 믿을만하다고 생각하며, 솔직한 사람이라고 생각하여 자신의 약함도 드러내게 됩니다. 약함을 인정해야 도움을 청할 수 있게 돼요. 늘 강한 모습만 보이거나, 누가 봐도 힘든 상황인데 그렇지 않은 척을 하는 사람에게서는 인간적인 면모를 찾아보기가 어렵습니다. 강하면 강한 대로, 약하면 약한 대로 있는 그대로의 모습으로 살아가면 좋겠어요. 굳이 나 자신을 어떤 모습으로 포장할 이유는 없습니다.

가끔 사소한 일에 쓸데없이 고집을 피우거나 큰소리를 내서 상대방을 불편하게 하는 사람들을 겪어본 적이 있을 겁니다. 물론 저도 겪어봤습니다. 정말 별일 아닌데 그렇게까지 투쟁적이고 공격적으로 자신이 옳다고 우기는 건 왜일까요? 목소리를 크게 내지 않으면, 고집을 피우지 않으면 상대방이 나를 얕잡아보고, 나를 우습게 여긴다고 생각하는 건 아닐까요? 우리는 다른 사람이 나에게 관심이 많고, 또 나의 말과 행동에 신경을 많이 쓸 거라고 생각하지만 실제로는 그렇지 않답니다. 나쁜 뜻이 아니고요. 내 문제를 나만큼 진지하게 혹은 심각하게 생각하지 않는다는 거예요. 그러니 더더욱 내가 이렇게 하지 않으면 상대방이 나를 어떻게 생각하겠지 하는 생각은 하지 않아도 된다는 뜻입니다. 오히려 내가 지나치게 반응하면 자격지심이 있는 사람으로 오해받을 수 있는 여지를 주는 겁니다. 약한 건 약하다고 말하면 오히려 상대방이 그 점을 배려해주고 보듬어줄 수 있는데 우린 너무 쉽게 겁을 먹는 건지도 몰라요. 스스로 취약하다고 느끼는 점을 먼저 받아들여야 상대방에게 나의 취약함을 드러낼 수 있을 텐데, 정작 우리는 우리 자신이 취약하다는 사실을 외면하거나 무시하고 그걸 감추려고 센 척을 하다가 큰 상처를 입기도 합니다.

약한 건 약하다고, 부족한 건 부족하다고, 모르는 건 모른다고 말할 수 있는 사람이 진짜 용기 있는 사람이고 강한 사람이에요.

취약함 드러내기의
좋은 예

오래전 부모교육 프로그램을 연출한 덕분에 부모 대상 강연을 여러 차례 했었습니다. 저에게 아이를 잘 키우는 법, 좋은 부모가 되는 법을 듣고 싶어 하셨지요. 어느 날인가, 강연을 시작하는데 아이 얘기로 말문을 열다 보니 저도 모르게 눈물이 왈칵 났어요. 그 무렵 아이 때문에 애를 많이 태우고 있었거든요. 할 수 없이 제 눈물의 이유를 설명해야 했어요. 참석한 분들은 방송국 PD에 교육학 박사인 저를 잘난 사람으로 여겼고, 그런 사람은 아무 어려움 없이 자녀를 잘 키울 거라고 생각했다가 아이 문제로 눈물을 보이는 제 모습에 동화되었지요. 무엇보다 '나만 힘든 게 아니구나' 하고 위로를 받으셨겠지요. 강의 집중도가 엄청 높았던 기억이 납니다. 의도하지 않고 숨기지 않고 진실된 저의 모습에 더 큰 감동을 받았다고 하시더군요. 그러나 그날 이후로 강연 요청은 모두 거절했습니다. 저에게서 좋은 에너지를 받으셔야 하는데 제가 아이 얘기만 꺼내면 계속 눈물이 났거든요. 그분들께 슬프고 속상한 에너지를 드리고 싶진 않았어요.

취약함 드러내기의
나쁜 예

어떤 사람은 자신의 취약함으로 상대방을 조종하려고 합니다. 이런 경우 흔히들 성장 과정의 불우함을 많이 언급합니다. 부모의 불화로 인해 어린 시절이 힘들었다는 이야기를 시작으로 자신의 약점 혹은 치부를 과하게 쏟아내는 경우도 보았습니다. 그 사람이 무슨 사고를 치면 마음 약한 우리는 또 이렇게 이해해줍니다. '성장 과정이 불우했다고 하더니 그래서 그런가 봐. 그것 참 안됐네'라고요. 한두 명에게 작전이 성공하면 이제는 동네방네 떠들고 다닙니다. 그 사람의 비밀을 모르는 사람이 없을 정도로요. 이런 사람은 자신의 내밀한 얘기를 통해 상대방의 동정과 연민을 취하고, 결국 상대방의 감정, 자신에 대한 평가와 판단까지 조정하려 듭니다. '내가 너에게 나의 비밀을 얘기했으니 너는 나와 친한 관계다. 너는 나랑 한배를 탄 거다'라는 메시지인 겁니다. 무분별하고 무차별적이고 내밀한 얘기를 처음부터 과하게 하는 사람을 만나면 조심하세요. 내밀한 얘기는 그럴 법한 관계에서, 신뢰가 구축된 관계에서나 나눌 수 있는 것입니다.

인생은
누구나 힘들다

남들은 별걱정 없이 모두 잘 사는 거 같은데 나만 사는 게 힘들고 고통스럽다는 느낌을 받을 때가 있습니다. 사실이든 느낌이든 참 외로운 상황이지요. 그런데요. 알고 보면 여러분이 보고 있는 그 웃고 있는 사람도 참 외롭고 힘들어요. 잘 지내고 있는 것처럼 보이는 사람들도 저마다 가슴 한구석에 큰 바위 한두 개씩은 묻어두고 산답니다. 가족 문제일 수 있고요. 돈 문제일 수 있고요. 성적 문제, 친구 문제, 직장 문제 등 헤아릴 수 없을 만큼 많은 어려움이 있지요. 단지 말을 안 할 뿐이죠.

단순하거나 심각하지 않은 문제는 오히려 말을 꺼낼 수 있어요. 남한테 '내가 이런 어려움을 겪고 있다'고 말할 정도라면 그 문제는 크게 심각한 것이 아닙니다. '내가 친구와 이런 문제로 다퉜다'고 말할 정도면 그 친구와 곧 화해할 수 있습니다. 문제가 심각할수록 누구한테 말을 한다고 해결될 일이 아니라는 걸 아니까 말을 못 합니다. 말을 하고 싶어도 그 얘기를 꺼낼라치면 목이 메어 말을 할 수가 없어요.

인생은 살만한 것이기도 하지만 동시에 고달픈 겁니다. 그러니 주변을 살펴서 힘들어 보이는 친구나 동료가 있다면 슬쩍 '요즘 괜찮아? 말상대가 필요하면 언제든 연락해'라고 손을 내밀어주세요. 여러분의 따뜻한 한마디가 그 사람의 영혼에 숨결을 불어넣어 줄 겁니다.

몇 해 전의 일입니다. 한 동료가 계속 힘들어 보였어요. 직접 말을 걸면 부담스러울까 봐 자리에 돌아와 이메일을 보냈어요. '많이 지치고 힘들어 보이는데 무슨 일 있나요? 제가 도울 일 있으면 언제든 말씀하세요. 저도 어려운 일을 겪고 있다 보니 왠지 모르게 당신이 어떤 어려움이 있는 게 아닌가 느껴지네요. 언제든 말상대가 필요하면 얘기하세요. 제가 들어드릴게요.' 그러자 동료가 차 한잔 하자고 하더군요. 본인이 힘들다는 걸 어떻게 알았냐고, 메일을 받는 순간 그 자체로 큰 위로가 되었다고요. 그 뒤로 동료가 겪고 있는 어려움에 대해 우리는 자주 이야기를 나누었고 저도 그동안 꼭꼭 숨겨두었던 저의 이야기를 풀어놓게 되었어요. 도움을 주고자 손을 내밀었는데 제가 오히려 더 큰 도움을 받았던 경험입니다.

걱정하지 말고
궁금해하라

'걱정하지 말고 궁금해하라.' 얼마 전 TV에 출연하신 박혜란 선생님도 이 말씀을 하시는 걸 들었습니다. 저는 앞으로의 저의 인생이 어떤 모습일지 참 궁금합니다. 하물며 여러분 청춘들은 여러분의 미래가 어떤 모습일지 얼마나 궁금하겠어요? 인생은 '열린 질문'이라는 말이 있어요. 말 그대로 내가 궁금해하고 이끄는 대로 얼마든지 다른 모습이 펼쳐질 수 있다는 얘기지요. 그런데 우리는 호기심과 궁금함으로 인생을 대하기보다는 걱정과 염려로 대하는 경우가 많은 것 같습니다. 스스로 '내가 이 대학을 나왔는데 기업에서 나를 받아주겠어?' '나는 이 모양인데 그 일을 해낼 수 있을까?'라고 생각하는 경우도 있고요. '도대체 뭐가 되려고 그러니?'라는 말을 많이 들었던 경우는 걱정이 더 클 수도 있어요. 그런데 생각을 조금 틀어봅시다. '이 대학을 나와도 나는 이런 것들을 할 수 있어요. 나에게 기회를 줘보실래요? 내가 얼마나 잘할 수 있는지 궁금하지 않으세요?'라고요. 나에 대해 잘 모르면서 나를 무시하는 사람의 말은 귀담아듣지 마세요. 그들이 상상하지 못했던 모습으로 성장하여 반전을 보여주는 것이 진짜 멋진 복수고, 나의 기를 살리는 일입니다.

용기!
용기!
용기!

어릴 적 제 어머니는 자식들 앞에서 자주 '용기, 용기, 용기'를 말씀하셨어요. 아니 외치셨다고 말하는 게 맞겠네요. 그때는 습관적으로 엄마 말을 받아 함께 외쳤지만 시간이 흘러 성인이 되어서 그 진짜 의미를 알아챘습니다. 어머니가 되뇌던 '용기'라는 단어는 어머니 자신을 향한 최면 같은 것이었다는 것을요. 가장으로서 책임감이 부족했던 아버지를 인내하며 5남매를 키워내야 하는 무거운 짐을 버텨내기 위한 강한 진통제였던 겁니다. 어머니께서는 본인을 위한 외침으로, 그리고 자녀들이 씩씩하게 하루하루를 살아가라는 당부의 뜻으로 용기를 외치셨던 겁니다. 희한한 건 그 용기라는 말이 지금의 저에게 큰 힘과 기운을 준다는 겁니다. 말 그대로 용기 있는 삶을 살아가게 하는 마력을 지닌 것 같아요.

용기는 일단 내가 지금 힘들어서 용기가 필요한 때라는 걸 인정해야 나오는 말입니다. 그럴 때 스스로를 믿고 일어서겠다는 의지가 솟습니다. 용기! 용기! 용기!

무의식의 타깃은
바로 나 자신

우리가 누군가를 미워하고 싫어하면 누구 마음이 힘들지요? 바로 내 마음이 힘듭니다. 우리의 무의식은 신기하게도 내가 누군가를 미워하면, 나의 바람대로 '그 누군가'를 미워하는 것이 아니라 '미워한다'는 의식의 작동을 기억합니다. 결국 나 자신을 미워하는 꼴이 됩니다. 누구를 욕한다면 '누구'를 저장하는 게 아니고 '욕하는 나'를 저장하는 셈이지요. 내 입으로 뱉은 말은 반드시 나에게 되돌아온다는 말도 그런 의미입니다. 그러니 누군가를 미워하거나 욕하는 건 안 해야 하고 혼잣말을 할 때도 가능한 한 긍정의 언어를 사용하는 게 좋습니다. 그러고 보면 말이 참 무섭고 두렵습니다. 그 말을 내가 다 듣고 있다고 생각하면, 혼잣말일지라도 타인 앞에서 하듯이 예의를 갖춰야 하고 조심하고 경계해야 할 것입니다. 타인에게 하는 말을 각별히 더 조심해야 하는 건 물론이고요. 말을 많이 하다 보면 의도치 않게 말실수를 할 수도 있으니 말수도 적당히 줄이는 게 좋습니다.

누군가는 나를

미워하거나 싫어할 수 있다

직장 생활을 6년쯤 했을 무렵의 일이에요. 저는 일을 썩 잘했고 좋은 성과를 냈어요. 그런데 누구보다 저를 격려해주어야 할 분이 오히려 저를 경계하고 비난하는 걸 경험하게 되었어요. 마음이 참 힘들더군요. 그때까지 저는 누군가가 나를 싫어하거나 미워한다는 느낌이나 경험이 없었던 터라 누군가가 나를 미워할 수 있다는 걸 알지 못했던 겁니다. 나이 서른에 말이죠. 물론 지금 생각하면 그 나이가 되도록 사랑받고 존중받는 느낌만을 기억한다니 얼마나 감사한 일일까 싶지만 그 당시엔 나름 심각했답니다. 그때 제 고민을 들어준 친구가 이런 말을 해주었어요. '누군가는 그냥 나를 싫어할 수도 있다'고. 그 말을 듣고 마음이 조금 편안해졌다고나 할까요. 나를 미워하는 이유가 뭔지는 모르겠지만 그건 그 사람 문제니까 그 일로 지나치게 힘들어하지는 말자고 생각했어요.

누군가 나를 미워하거나 싫어할 수 있어요. 그걸 그냥 받아들이면 됩니다. 물론 적극적으로 해결하자면, 나를 미워하는 이유를 물어볼 수는 있겠지요.

다행히 그 이유를 들을 수 있다면, 그 이유에 대해 나와 마주하여 생각해봅니다. 나에게 그런 모습이 있는지 없는지를요. 나의 미운 모습을 내가 인정한다면 좋은 모습으로 바뀌도록 노력하면 좋겠지요. 그 모습도 나의 일부니까요. 하지만 그 이유가 그저 그 사람 마음에 안 들어서라면 굳이 신경 쓰지 않아도 됩니다.

모두를 사랑할 수 없고

모두에게서 사랑받을 필요도 없다

항상 만면에 웃음을 띠고, 항상 괜찮다고 말하고, 누구에게나 좋습니다를 연발하는 사람들이 있어요. 반대할 법도 한데 절대로 반대의견을 내는 적이 없는 사람들이요. 그 사람들은 정말 괜찮은 걸까요? 혹시 웃지 않고, 괜찮지 않다고 말하고, 싫다고 말하면 다른 사람들이 멀리 갈까 봐, 사랑받지 못할까 봐, 똑같이 당할까 봐 스스로를 포장하는 것은 아닐까요?

나를 있는 그대로 인정하고 사랑해줄 수 있는 사람이 몇 명이 되어야 우리는 안심이 될까요? 주변의 모두에게서 사랑받을 수 있을까요? 사실, 그건 가능하지도 않고 그럴 필요도 없다고 생각합니다.

평생을 살면서 내가 사랑하고, 나를 사랑해줄 수 있는 사람은 몇 명이면 족합니다. 가족과 마음을 나눌 수 있는 친구 몇명, 운이 좋으면 인생의 스승도 계실 거고요. 믿을만한 동료도 있겠지요. 그만큼의 사람만 있으면 우리는 충분히 행복하고 사랑받는 사람입니다.

저도 친구가 많지 않아요. 두루두루 넓게넓게 사귀는 스타일이 아니거든요. 대신 친구를 오래도록 깊게 사귀는 편이지요. 모두에게 사랑받겠다는 생각으로 애매하게 행동해서는 누구도 온전하게 사랑하고 사랑받을 수 없게 될지도 모릅니다.

사랑할 수 있는 만큼만 사랑하면 됩니다. 나를 숨김없이 드러낼 수 있고, 서로 온전히 이해하고 이해받을 수 있는 친구한 사람만 있어도 충분합니다. 친구가 많지 않다고, 친구들이 나를 안 끼워준다고, 동료들과 두루두루 잘 어울리지 못한다고 너무 힘들어하지 마세요. 이런 얘기가 있지요. 힘들때 남는 사람이 진짜 친구다라는 말이요. 실제로 내가 어려움에 처했을 때 내 곁을 지켜줄 누군가가 떠오른다면 여러분은 충분히 사랑받고 있는 겁니다. 그런 사람이 많을 필요는 없어요. 다른 상황으로 말씀드려볼게요. 여럿이 모인 워크숍을 할 때 오프닝으로 자주 등장하는 활동입니다. 두 명이 짝을 이루어 한 사람은 눈을 감고 다른 한 사람의 어깨에 손을 얹고 의지하여 한 바퀴를 도는 겁니다. 눈을 감아 아무것도 볼 수 없는 상황이기 때문에 상대방을 믿어야만 하고, 얼마나 믿는지에 따라 눈을 감은 사람의 불안도가 낮아질텐데요. 만약 우리가 눈을 감는 역할을 하게 되었다면 내가믿고 따라갈, 내 손을 잡아줄 사람이 지금, 머릿속에 떠오르나요? 그럼 그 사람으로 충분합니다.

타인이라는 | 거울

이유 없이 싫은 사람이 있지요. 살다 보면 누군가와 자꾸 부딪치는 경우가 있어요. 그 친구만 보면 괜히 짜증이 나고 보기 싫고 그렇습니다. 과연 이유 없이 그런 걸까요? 그 친구에게서 내가 싫어하는 나의 모습이 보이지는 않던가요? 부모 자녀 간에도 이런 일이 많아요. 내 아이가 나의 이런 점만은 닮지 않기를 바랐는데 그 점을 꼭 빼닮은 거죠. 아이에게서 내가 보입니다. 혹은 부모에게서 내 모습을 봅니다. 이럴 때 이유 모를 분노가 올라오지요. 알고 보면 이유가 있습니다.

시간 약속을 안 지키는 사람은, 시간을 어기는 친구를 못 참습니다. 정리 정돈을 하지 않는 사람이 주변을 어지럽히거나 지저분하게 만드는 사람을 보면 더 화를 냅니다. 자기가 편한 방식대로 멋대로 행동하고 타인을 배려하지 않는 사람이 그런 사람을 보면 더 못 참는 경우 많이들 보셨을 거예요. 내 안의 부족함이 타인에게서 보이면 더 힘들거든요. 만약 누군가 나한테 어떤 비난을 한다면 그 사람의 약점을 알게 되는 겁니다. 타인을 통해 내 모습을 보게 되니 타인은 나의 거울과 같습니다. 타인에게서 좋은 모습을 보면 그것을 닮고자 하고 좋지 않은 모습을 보면 자신은 그렇지 않은지 스스로 돌아보면 좋겠습니다.

걱정은
앞당겨 하지 마라

걱정은 걱정스런 일을 부르고, 불안은 불안한 일을 부릅니다. 걱정할 일이 생기면 그때부터 걱정하면 돼요. 늘 뭔가 걱정스런 일이 생길 것처럼 말하고 행동하는 사람은 주변의 에너지도 걱정스럽게 물들이는 경우가 많아요. 아픈 것도 마찬가지예요. 아프다는 것에 집착하면 아프지 않았던 곳도 왠지 아픈 거 같고 급기야 온몸과 마음이 아파서 누구를 만나도 아픈 얘기만 하게 되지요. 불안도 마찬가지예요. 별일 아닌 것도 침소봉대하여 불안 에너지를 키우는 사람들이 있어요. 평온하던 분위기가 갑자기 불편함으로 물들죠. 그런 사람은 좀 멀리하는 게 좋습니다.

세상의 기운은 내가 내뿜는 에너지와 긴밀히 연결되어 있는 것 같아요. 어떤 분은 이를 '끌어당김의 법칙'으로 설명합니다. 그런 이유로 우리는 '긍정 에너지'라는 말로 나와 내 주변을 밝고 환한 에너지로 채우자고 강조하지요. 걱정, 불안, 미리 하지 마세요. 걱정하고 불안해하면 내 주변은 걱정스러운 일, 불안한 일이 생깁니다. 안 믿긴다고요? 과거에 걱정스러웠던 상황을 돌아보세요. 혹시 그런 일이 생기지 않을까 노심초사하지는 않았나요? 기쁜 순간에 기쁨을 만끽하기보다 기쁨이 날아가는 상상을 하면서 슬퍼하거나 걱정에 빠지지는 않나요? 걱정을 해서 걱정이 안 생긴다면 진짜 걱정이 없겠지요. 그러니 일어나지도 않은 일을 두고 미리 걱정할 필요가 없습니다. 걱정하는 마음이 실제로 도움이 되는 경우는 없다고 보아도 됩니다.

마음은 몸을 지배하고
몸은 마음을 지배한다

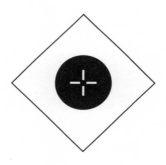

마음을 온화하게 하면 몸도 부드러워집니다. 반대로 마음을 거칠게 하면 몸도 거칠어집니다. 몸과 마음 그리고 말과 행동은 모두 긴밀하게 연결된 유기체입니다. 운동과 좋은 음식 그리고 균형 잡힌 생활 습관으로 건강한 몸을 만들고, 좋은 생각으로 마음을 가꾸고 교양 있고 지적인 말과 생각으로 나를 감싸주세요. 건강을 잃으면 모든 걸 잃는다는 말이 있듯이, 몸이 힘들면 건강한 마음은 기대하기 어렵습니다. 본능적으로 몸이 아프고 힘든 것에 집중하게 되거든요. 그러니 마음과 몸, 몸과 마음이 건강하도록 애써야 합니다. 몸은 마음에 귀 기울이고 마음은 몸을 지켜봅니다.

정서적 문해력, 감정을 읽고 볼 수 있는 힘

나는 나의 기분을, 감정을 정확하게 읽고 볼 수 있는가? 나의 감정을 이해한다는 것은 무슨 뜻인가? 기분 나쁜 일이 있을 때 어느 정도로 분노를 표현하는 게 적당한가? 대답하기 쉽지 않은 질문이네요.

기분이 좋을 때는 말할 것도 없고 기분이 나쁠 때나 정서적으로 불안할 때 오히려 감정 읽기와 감정의 단계를 읽는 훈련이 필요합니다. 분노가 나를 덮치면 본래 상황에 비해 과하게 분노를 표출함으로써 나와 남을 더 힘들게 할 수 있습니다. 예를 들어 상황은 3 정도의 분노를 표출하면 적당할 듯 보이는데 감정을 주체하지 못해 10이 넘게 분노를 표출하는 경우를 우리는 자주 목격합니다.

분노를 억지로 참으라는 뜻이 결코 아닙니다. 제대로 분노하지 않으면 상대방이 무엇을 잘못했는지 파악조차 못 하게 되니 평소 감정을 읽고 보는 훈련이 꼭 필요합니다. 친구나 직장동료와 어떤 일로 다투었다고 상상해보세요. 나는 잘못한 것이 없는데 정작 잘못을 한 친구가 불같이 화를 낸다면 여러분은 어떤 기분이 들까요? 납득이 안 될 뿐만 아니라 화가 많이 나겠지요. 만약 반대의 상황이라면 나로 인해 상대방이 황당하고 분통을 터뜨리겠지요. 그래서 양측이 모두 납득할 정도로, 적당한 정도로 화를 내고 분노를 표출하는 게 중요합니다.

큰 아이가 초등학교 5학년 무렵의 일입니다. 친구와 놀다가 들어왔는데 심기가 매우 불편해 보였습니다. 친구가 자신의 의도나 생각을 꼬아서 듣고 불편하게 행동해서 굉장히 언짢다고 했어요. 그때 제가 이렇게 말해주었던 기억이 납니다. "너의 생각은 그런 게 아니었는데 친구가 오해를 해서 속상했구나." 아직 화가 안 풀렸는지 아이는 씩씩거리며 "진짜 웃긴 놈이야. 다신 안 놀 거야" 그럽니다. 그래서 제가 "친구에게 다시 설명하고 싶었는데 그땐 이미 기분이 상해서 그러고 싶은 마음이 사라졌구나. 그래서 친구 때문에 화가 났구나." 아이가 고개를 끄덕끄덕 합니다. 이어서 말했지요. "화가 많이 난 것 같은데 1에서 10 중에 어느 정도야?" 기억이 정확하진 않지만 아이는 '4 정도'라고 답을 했던 것 같아요. 화난 기분이 9쯤 될 줄 알았다가 곰곰이 생각해보니 4 정도였다는 걸 깨닫고는 기분이 곧 나아졌고, 어느새 다시 친구를 만나서 놀다 오겠다며 집을 나섰어요. 꽤 오래전 아이 얘기를 예로 든 이유는 제가 상황을 설명하기 전과 후의 아이의 상태나 표정이 눈에 띄게 달라졌다는 걸 또렷하게 기억하고 있기 때문입니다. 화가 나거나 부정적인 감정에 휩싸일 때 특히 이 훈련이 필요합니다. 부정적 감정은 긍정적인 감정에 비해 강화되는 정도가 심하기 때문에 감정에 휩쓸려 본의 아니게 주변을 힘들게 하거나 실수를 하게 합니다. 그러니 항상 내 감정을 잘 읽고 다스려야 합니다.

감정분화 훈련이 필요한 이유

✕ │ ✛ │ ✕

기분이 나쁘다는 말로 지금 내 감정을 온전하게 설명할 수 있을까요? 부정적인 감정의 종류들을 나열해볼게요. 불안하다. 무시하다. 비통하다. 내키지 않다. 두렵다. 꺼리다. 멸시하다. 경멸하다. 무관심하다. 확신이 없다. 부끄럽다. 창피하다. 의심하다. 상처받다. 고통받다. 슬프다. 초조하다. 실망하다. 낙담하다. 짓눌리다. 압도당하다. 짜증 나다. 외롭다. 쓸쓸하다. 우울하다. 침울하다. 의기소침하다. 자신이 없다. 죄책감이 들다. 자책하다. 증오하다. 저주하다. 골치 아프다. 혼란스럽다. 패배하다. 억울하다…. 사실 감정은 이보다 훨씬 더 분화되어 있어요. 그런데 우리는 목소리를 높이거나 화를 내거나 소리를 지르는 한두 가지 방식으로 부정적 감정을 표출하곤 합니다.

친구가 약속 시간이 지나도록 나타나지 않으면 처음엔 걱정이 되다가 점점 화가 나고 그러다 다시 걱정되고 그런 경우 있잖아요. 기다리던 끝에 친구가 나타나면 걱정했던 마음은 저만치 달아나 있고 "너 뭐야?"라고 쏘아붙이게 됩니다. 내내 걱정하다가 결국에는 화를 내거나 상대방을 윽박지르는 방식으로 분노를 표출한 적은 없나요?

부정적인 감정이 들 때는, 내 감정을 잘 들여다본 후 상대가 이유 없이 당한다는 느낌이 들지 않게 내 감정을 정확히 표현해보세요. 화가 나는 건지, 두려운 건지, 걱정이 되는 건지, 무서운 건지, 억울한 건지를요. 그렇게 하면 더 잘 이해받을 수 있고 나의 감정으로 상대의 감정까지 망치는 일을 막을 수 있습니다. 물론 나도 상대방에게 억울하게 당하는 일이 없어야 하고요.

상처는 받은 즉시
해결하라

　　　　　　　청년들과 이야기를 하다 보면,
부모에 대한 원망 혹은 부모로부터 받은 상처로 힘들어하는
경우가 많더군요. 어느 부모가 상처를 주려고 그런 말을 했
겠습니까. 그러나 그 상처로 자녀들은 오래도록 힘듭니다.
중요한 결정을 앞둔 어떤 시기에 부모로부터 받은 상처로
인해 올바른 결정을 하지 못할 때도 있고요. 부모의 그늘에
가려 자신이 원하는 선택이 아닌 부모가 원하는 선택을 하
게 되기도 합니다.

여러분은 부모로부터 받은 상처를 어떻게 대해왔나요? 부
모에게 상처받은 사실을 말해본 적이 있나요? 말하지 못했
다면 왜 말하지 못했나요? 부모님이 속상해할까 봐 말하지
못했을 수 있고요. 이 말을 꺼내면 부모에게 혼이 날까 봐 나
를 방어하기 위해서 말을 못 했을 수도 있을 거예요. 이미 부
모와 담쌓고 지낸 지 오래라 굳이 오래전 일로 더 기분 상하
고 싶지는 않아서일 수도 있겠습니다. 한 청년은 저와 상담
한 후에 용기를 내어 과거 부모로부터 상처받았던 얘기를
했더니 부모가 그 말을 했다는 기억조차 못 했다고 하더군
요. 십수 년간 본인만 속앓이를 한 것이 억울하다고 했습니
다. 이렇듯 부모나 가족 간 상처로 힘들어하는 청년들을 많
이 보아왔어요.

상처를 치유하는 방법을 묻는 이들에게 저는 '의식'을 권합니다. 일종의 화해 의식이죠. 상처를 치유하고 싶다는 마음이 강한 쪽이 상대방에게 먼저 손을 내밀고 둘이 마주 앉습니다. 처음엔 서로 어색하기도 하고, 불편한 마음도 들고 해서 입이 쉽게 떼어지지 않습니다. 한참 이런 상태로 있어도 괜찮습니다. 준비가 되었을 때 입을 뗍니다. '나는…'으로 시작하세요. '네가 이렇게 해서…'로 시작하지 말고요. 말의 호흡은 조금 천천히 그리고 간결하고 또박또박 말합니다. 사실, 이런 의식을 한다고 해서 상대방이 내가 원하는 반응을 해주리라는 법은 없습니다. 그렇다고 실망하지 마세요. 화해 의식의 가장 중요한 목적은 내가 나의 상처를 마주함에 있습니다. 그러니 상대방의 마음이 어떨지 상대방의 반응이 어떨지보다는 내가 상처받았다는 사실에 집중하여 이야기를 풀어보세요. 절반의 성공은 거둘 수 있습니다. 상처받는 일은 늘 있습니다. 상처받는 일이 생기면 치유하면 됩니다. 그냥 넘기지 말고요.

감정 통장의 잔고를 채워라

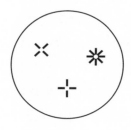

내 마음에 평안하고 좋은 감정이 충만하면 주변 사람들을 친절하게 대하게 됩니다. 짜증이 나거나 화가 날만한 일들도 편한 마음으로 넘길 수 있고요. 그러나 반대의 상황이라면 어떤가요? 스스로도 왜 이렇게 과하게 반응하는지 모를 정도로 별일 아닌 것에도 버럭 화를 내게 되지요. 그럴 땐 잠시 멈추고 내 감정 통장의 잔고를 살펴보아야 합니다. 내 감정의 잔고가 바닥이 났는데 괜찮을 사람은 없습니다. 내 감정도 추스르지 못하는 상황에서 타인에게 배려나 사랑을 나누어줄 여유는 없습니다. 심한 경우는 잔고가 거의 바닥이 났는데도 타인을 위해 결국 잔고를 써버리기도 합니다. 그러나 그건 어리석은 일입니다. 감정 잔고가 없어 감정이 요동을 칠 때는 잔고를 채우는 노력을 해야 합니다.

저마다 감정 통장의 잔고를 채우는 방법은 다를 텐데요. 명상을 할 수도 있고, 좋아하는 사람을 만나서 대화로 풀어갈 수도 있고 취미활동을 통해 활기차고 기분 좋은 감정을 쌓을 수도 있습니다. 항아리에 물이 차지 않았는데 물이 흘러 넘치는 경우는 없습니다. 우리의 감정도 마찬가지입니다. 내 감정의 항아리가 차고 넘쳐야 주변에도 마음을 나누어줄 수 있는 것입니다. 우리가 흔히 멘탈 관리를 한다고 할 때 저는 항상 감정 통장, 감정 항아리를 떠올립니다. 내가 감정적으로 충만한 것이 결국 타인에게도 도움이 됩니다.

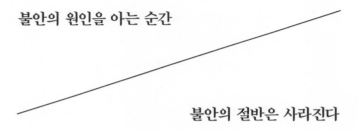

불안의 원인을 아는 순간

불안의 절반은 사라진다

불안감을 많이 느끼는 사람은 그렇지 않은 사람에 비해 주변에서 일어나는 일들과 주변 사람들에게 민감하게 반응하는 경향이 있습니다. 부정적으로 생각하는 습관이 있을 가능성도 높고요. 그런 이유로 작은 일에도 쉽게 불안해하고, 자신이 생각한 대로 사람과 상황이 따라주지 않으면 걱정이 커집니다. 다른 사람의 눈치를 많이 보게 되고요. 건강한 관계를 맺는 데 어려움을 겪기도 합니다. 사실 불안이나 걱정은 현실이 아니라 우리 마음속에, 머릿속에 존재하는 것입니다. 그러니 불안하다는 생각을 멈춤으로써 불안해하는 나자신에게 지지 말아야 합니다.

그래도 불안한 마음이 든다면, 우선 무엇이 나를 불안하게 하는지 불안 요소를 점검해보세요. 이유 없이 불안한 경우는 없어요. 내 능력에 대한 의심 때문에 불안한 건지, 자신감이 없는 건지, 다른 사람이 나를 이상하게 생각할까 봐 불안한 건지, 결과물이 좋지 않은 평가를 받게 될까 봐 불안한 건지 알아야 합니다. 불안한 마음이 들기 시작하면 사실 걷잡을 수 없을 때가 많아요. 심하면 과대망상이 될 수도 있고요.

그럴 때일수록 왜 불안한지 적어보세요. 그리고 해결할 수 있는 것부터 하나하나 처리하고 목록을 지워가세요. 불안 요소를 적는 순간, 불안의 절반은 사라집니다. '사실'에 집중하게 되니까요. 이렇게 하면 불안의 원인이 되는 상황과 행동을 변화시킬 수 있어요. 이때 내가 할 수 없다고 판단이 서면 용기 내어 주변에 도움을 청하세요. 불안 요소를 적고 마주하거나, 타인에게 말하는 순간 불안이라는 어두움은 힘을 잃게 됩니다.

감정이 나를 삼키지 않게

기분 나쁜 일이 생겼다고 해보지요. 한번 나빠진 기분은 쉽사리 사그라들지 않습니다. 게다가 그 전파 속도가 빨라서 나중엔 나의 감정 전체를 삼키기도 합니다. 처음 기분이 나빴던 것보다 점점 더 기분이 나빠지는 경험을 해보았을 겁니다. 앞선 기분이 뒤에 오는 기분을 이끌고, 뒤에서 온 기분이 앞선 기분을 덮쳐 엉망진창이 되곤 합니다. 이럴 땐 감정이 나를 삼키지 않게 'STOP'. 일단 멈춤을 하고 숨고르기를 해야 합니다. 이 감정이 느낌에서 기인한 것인지 아니면 사실로부터 기인한 것인지를 살피는 것이지요. 사실이라고 판명이 나면 감정은 쉽게 정돈이 됩니다. 하지만 이런 훈련에 익숙한 사람은 많지 않아 보입니다.

누군가로 인해 혹은 어떤 일로 스트레스를 받고 짜증이 난다면, '이 사람은, 이 일은 내가 스트레스를 받을만한 가치가 있는가?'를 먼저 생각해보세요. 무거운 마음이 한결 가벼워질 겁니다. 의외로 감정이 감정을 배가시키는 경우가 많습니다. 내 기분이나 감정 상태를 잘 관리하기 위해서는 내 기분을 냉정하게 들여다볼 필요가 있습니다.

무엇이 힘든지 적어보면
진짜 힘든 걸 가려낼 수 있다

세상일이 마음대로 안 되죠? 공부를 해도 생각만큼 성적이 오르지 않고, 취업도 힘들고, 먹고사는 문제, 사랑하는 사람과의 관계 등 모든 게 내 맘대로 되지 않아 고통스럽습니다. 다른 사람들은 다 잘 먹고 잘 사는 것 같은데 유독 나만 힘들다고 느껴지기도 할 거고요. 그런데 정말 나만 더 힘든 걸까요? 무슨 일로 내가 힘든지 한번 적어보세요. 적은 것을 마주하고 곰곰이 생각해보세요. 그 일로 이렇게까지 힘들어하는 게 맞는지, 그 일에 이렇게까지 마음을 쓸 가치가 있는지를요. 혹시 누군가를 미워하는 마음 때문에 힘이 들었다면 그 사람 이름 석 자가 적힌 노트를 보고, 이 사람 때문에 내가 이렇게 힘들어할 이유가 있을까 냉정하게 따져보세요. 가치 없는 일에 시간과 노력을 낭비하면 나만 더 힘들어집니다. 나를 힘들게 하는 10가지 중 적어도 반 이상은 느낌적인 느낌일 때가 많을 겁니다. 이 방법은 꽤 유용합니다. 불필요한 에너지 소모를 막고 싶다면, 내 에너지를 지키고 싶다면 이 방법을 써보길 권합니다.

말로 상황을
더 힘들게 하진 말라

힘들어 죽겠어요. 속상해 죽겠어요. 아파 죽겠어요. 짜증 나 죽겠어요. 우리가 사는 게 고달프다고 느낄 때 나도 모르게 입 밖으로 새어 나오는 말들이에요. 죽을 만큼 힘든 경우를 알고 계신가요? 죽을 정도로 속상한 경우는요? 죽을 만큼 짜증이 난다는 건 어느 정도 짜증이 난다는 걸까요? 죽고 싶을 만큼의 고통 가운데 있는 분이라면 이렇다 저렇다를 말하지 못합니다. 너무나 고통스러우면 고통스럽다고 말하지 못하는 것처럼요.

가끔 우리는 말로써 우리가 처한 상황을 더욱 힘들게 만들기도 하는 것 같아요. 이런 말을 별생각 없이 습관적으로 자주 쓰면 주변 사람들도 서서히 여러분을 멀리할 겁니다. 말 끝마다 죽겠다는 사람하고 교류하고 싶은 사람은 없으니까요. 우리는 타인으로부터 밝고 긍정적인 에너지를 받고 싶어해요. 죽겠다는 소리도 한두 번이지 자꾸 반복하면 그 사람과 함께하는 게 즐겁지 않습니다. 무엇보다 그 힘겨움을 마음에 품고 입 밖으로 내는 나 자신이 그 소리에 지칠 수 있습니다. 무슨 일을 해도 누구를 만나도 살맛이 안 나고 힘들 테니까요. 세상살이를 하면서 곤란함이 없을 거라고 기대하는 사람은 단 한 사람도 없을 거예요. 여러 고통스러운 상황을 마주하고 겪어낸 사람들이 말하는 바, 우리에게 감당할 수 있는 만큼의 시련이 주어진다는 것은 상당 부분 진실에 가깝다고 생각합니다. 삶은 고해와 같다고 하니 적어도 말과 생각으로 우리를 더 고통스럽게 만들지는 않았으면 해요.

스트레스
요리하기

✕ ✕ ✕

스트레스는 위험한 존재입니다. 스트레스는 늘 우리를 공격할 준비가 되어 있습니다. 늘 싸울 준비가 되어 있는 적을 이길 방법을 알고 있어야 합니다. 열 받는 일이 있으면 그로 인해 생기는 화는 곧 주변으로 퍼집니다. 짜증과 화가 섞인 목소리와 톤, 매너로 주변도 불편하게 만들기 일쑤지요. 스트레스의 원인을 알고 잘 관리해야 하는데 그 원인은 누가 제일 잘 알까요? 맞습니다. 내가 제일 잘 압니다. 각자 스트레스를 푸는 방식은 다를 겁니다. 잠자는 것으로 스트레스를 요리하는 분도 있을 거고, 집 안 청소나 음악, 여행으로 요리하는 분도 있을 겁니다. 스트레스의 덩치가 클수록 요리하는 시간도 오래 걸릴 거예요. 스트레스를 받는 상황이라면 잠시 다른 사람을 만나는 걸 멈추세요. 자칫 나의 스트레스로 상대방의 기분까지 망치고, 본의 아니게 실수나 결례를 범할 수 있습니다. 오랫동안 쌓아온 관계의 공든 탑이 무너지는 경우도 많이 보았습니다.

스트레스를 받는 상황이라고 판단된다면 혼자서 조용히 스트레스와 마주하세요. 스트레스가 말을 걸면 스트레스를 바라봐야지 그렇지 않고 다른 데를 향하면 엉뚱한 일이 벌어집니다.

저는 스트레스가 심하다 싶은 날에는 몇 시간이라도 휴가를 내서 일터와 동료들을 떠나있습니다. 그리고 조용히 생각하지요. 이게 그렇게 스트레스를 받을 일인가?라고요. 회사에 계속 머물렀더라면 어땠을까, 아차 싶을 때가 많습니다. 이렇게 몇 시간을 쓰고 나면 다음 날 언제 그랬냐는 듯 맑은 정신이 됩니다. 동료들을 다시 반갑게 맞을 수 있게 되고요. 그냥 버텼다면 '왜 그렇게밖에 못 합니까?' '아, 진짜 답답하네.' '당신 일까지 내가 다 하면 당신은 무슨 일을 할 겁니까?' 등 상대방에게 해서는 안 될 말들을 폭탄처럼 던졌을 거예요. 스트레스는 우리 몸에 독을 퍼뜨리고, 그 독을 스스로 해독하지 않으면 다른 사람에게 독을 넘기게 되니 정말 독한 존재입니다.

그런데 문제는, 상황은 변하지 않고 똑같은 스트레스를 반복적으로 겪게 될 때입니다. 저도 직장생활을 오래 했으니 이런 경험이 많습니다. 이때는 두 가지로 나누어 생각해봐야 합니다. 하나는 내 문제로, 다른 하나는 타인과의 관계 문제로 접근하는 겁니다. 예를 들어볼게요. PD는 여러 전문 분야의 스태프들과 협업을 합니다. 때때로 스태프들의 노력과 결과가 만족스럽지 않을 때가 있습니다. 어떻게 하면 반복되는 상황을 극복할 수 있을까 고민하다가 두 가지 생각이 떠올랐습니다. '스태프보다 내가 더 좋은 아이디어 혹은 퍼포먼스를 보여줘서 나를 인정하게 만들자'라는 생각 한 가지와, '그 분야에 대해서 관심을 갖고 묻고 들어주자, 그러면 그 스태프는 나와 얘기를 나누는 과정에서 잠시 놓치고 있던 자신의 일에 대한 열정과 아이디어를 마주하게 될 것이다'라는 생각입니다. 전자는 나의 의지와 노력에 관한 것이고 후자는 타인에 대한 관심에 따른 것입니다. 그 어떤 쪽의 노력도 하지 않으면서 매번 같은 상황에서 같은 스트레스를 받고 있지는 않나요?

3부

'따로 또 같이'
타인과
잘 사는 법

타인은 '나'의 또 다른 이름입니다. 나와 닮아있는 나와 다른 사람들이죠. 가족을 비롯한 가까운 타인들은 내 삶과 상당히 밀접해 있습니다. 그래서 좋기도 하고 싫기도 합니다. 혼자이고 싶을 때 함께해야 해서 힘들고, 함께하고 싶을 때 혼자여서 슬픕니다.

타인과 관계가 형성되면 그때부터는 신경이 쓰이고, 내 마음과 다른 마음이 개입되고 그래서 오해가 생기고 갈등도 생깁니다. 물론 타인 덕분에 더불어 사는 행복도 느낄 수 있고 삶을 더 풍요롭게 즐길 수 있습니다. 고마운 존재입니다.

타인과의 관계가 좋기만 하다면야 걱정이 없을 겁니다. 그러나 현실은 늘 관계가 빚어내는 소용돌이 가운데 있습니다. 타인과의 관계는 항상 우리의 예상과 기대를 빗나가곤 합니다. 예기치 않은 일들이 우리를 기다립니다. 나 자신을 위한 시간보다 훨씬 더 많은 시간과 노력을 기울여야 할 때도 많습니다. 그럼에도 불구하고 '나'를 돌보는 만큼 타인과의 관계도 돌봐야 합니다. 나를 위해서 그리고 나를 닮은 '너'를 위해서요.

관계의 교집합과 여집합

건강한 관계 맺기에 대해 이야기할 때 제가 자주 활용하는 표현입니다.

교집합과 여집합!

가족, 부부, 형제, 친구 관계에서 우리는 다름을 받아들이지 못하고, 상대를 변화시켜서 나와 같게 만들려고, 즉 다른 두 개체가 일치해야 하는 것처럼 다투고 화를 내고 급기야 헤어지는 일도 벌어집니다. 그런데 건강한 관계란, 함께하는 부분도 있고, 또 독립적으로 영위하는 부분도 있어야 지치지 않고 오래갈 수 있습니다. 애초에 다른 두 개체가 온전히 하나의 개체처럼 되는 건 불가능한 일이지요. 교집합은 말 그대로 두 개의 집합 중 공통인 부분을 말합니다. 서로 공유하고 함께할 수 있는 부분은 교집합의 개념으로 이해하시면 되고요. 각자의 생각이 다르고, 가치 지향이 다른 점은 교집합을 제외한 부분, 즉 여집합처럼 따로 고려하면 됩니다. 함께할 수 있는 걸 기쁜 마음으로 함께하면서, 서로 다른 부분을 있는 그대로 독립적으로 인정하는 것, 그게 사랑하는 사람들과 오래도록 건강한 관계를 유지하는 비결입니다.

가족이라는 이유로, 부부라는 이유로, 부모 자식 간이라는 이유로, 친한 친구라는 이유로 모든 걸 함께하거나 같은 생각을 하는 것은 옳거나 좋은 것이 아닙니다. '따로 또 같이'가 건강한 관계의 정답입니다. 적당히 거리를 두면 적당히 좋고 적당히 외롭고 그런 겁니다. 좀 극단적이지만, 아무리 좋아하는 사람이라도 1년 365일 24시간 함께 있다고 생각해보세요. 말로만 들어도 아니다 싶지요.

'다름'에 이끌리고 ──────── '다름'으로 다투고

나의 생김새와 특성을 동그라미라고 해보죠. 친구는 세모 모양입니다. 또 다른 친구는 네모 모양이에요. 동그라미는 세모가 될 수 없고, 세모는 네모가 될 수 없습니다. 세 친구는 절대로 하나의 모양이 될 수 없습니다. 이 셋이 친구가 된 이유는요, 동그라미는 나와 다른 모양인 세모와 네모에 끌리고 세모나 네모도 자신이 갖지 못한 특성인 동그라미에 매력을 느끼기 때문입니다.

처음 만날 땐 서로 다름에 이끌렸는데 점차 시간을 함께할 수록 왜 모양이 다르냐고 다투는 일이 잦아집니다. 절대로 같은 모양이 될 수 없다는 사실을 망각한 채 말이죠. 동그라미가 세모가 되고자 하는 순간 동그라미 본연의 모습과 특성을 잃게 됩니다. 세모도 마찬가지죠.

'다름을 인정'하는 것이 관계에서 굉장히 중요하다고 하는데 머릿속으로는 알지만 실생활에서는 '같아지기'를 강제하는 경우가 많지요. 동그라미는 근원적으로 동그라미로 존재하고 싶어 하고, 세모는 세모이기를 원하므로 같아지려고 하는 순간 두 존재 모두 혼란에 빠집니다. 상대방에게서 나와 다른 모습이 보일 때 처음엔 그 모습에 끌렸다는 걸 잊으면 안 됩니다. 그게 참을 수 없으면 같아지려고 둘 다 찌그러진 모양이 되니 차라리 헤어지는 것이 더 현명합니다.

친하다는 말을
아껴야 하는 이유

사업상 A와 B가 처음 만났습니다. 첫 만남에서는 서먹함을 극복하려고 연결고리를 찾기 위해 애를 쓰지요. 출신 지역, 학교, 조직 등 한참 대화가 오가다 보면 둘 다 아는 공통분모 C가 등장합니다. 이때 A가 B에게 말합니다. "C씨 아시죠? 저 C씨랑 친합니다." 이때 B의 겉반응은 두 가지입니다. "아, 네, 저도 친합니다." 혹은 "아, 네. 그렇군요…." 두 반응이 다른 속마음을 품고 있다는 걸 알아차리시겠어요? 주목할 것은 두 번째 반응입니다. B가 C에 대해 긍정적으로 생각하고 있다면 당연히 처음 반응을 보였을 거고 기대했던 대로 미팅이 잘 이루어질 겁니다. 그러나 만약 그렇지 않다면 'C씨와 친하다니 A씨 당신, 별로겠어. 길게 얘기해봐야 소용없겠어'라고 생각할 수 있다는 겁니다. 만남의 철칙은 그 자리에 없는 사람 얘기로 섣불리 만남을 수월하게 이끌어가려고 하지 않아야 한다는 거예요. 당사자 A와 B로 만나야지요. 내가 누구와 친하다고 누군가에게 말할 땐 서로 친하다는 확신이 들 때만 그렇게 말해야 합니다. A는 C를 10의 8이나 9만큼 친하다고 생각하지만, C는 A를 3이나 4만큼, 즉 별로 친하지 않다고 생각할 수 있거든요. 심지어 싫어할 수도 있습니다. 그러니 대화에 제3자를 등장시키지 않는 게 현명합니다. 미팅을 매끄럽게 진행하려고 등장시킨 C로 인해 오히려 미팅을 망칠 수 있어요.

'친하다'는 말의 정도는 쓰는 사람마다 다를 수 있습니다. 나는 A의 어떤 면이 좋고 그런 이유로 친한데, 다른 사람은 바로 그 점 때문에 A와 친하지 않을 수도 혹은 싫어할 수도 있거든요. 그러니 어떤 사람을 많은 사람이 좋아한다고 해서 무작정 좋아할 일도 아니고요. 또 많은 사람이 어떤 사람을 비난하거나 욕한다고 해서 편견을 가지고 덩달아 그 사람을 비난해서도 안 됩니다. 어떤 사람을 잘 알게 되기까지 신중을 기해야 하는 이유입니다.

둘이 만났을 땐
둘 얘기만

A와 B가 만났어요. 그런데 A도 그렇고 B도 그렇고 C나 D에 관한 얘기만 합니다. 두 사람이 만났는데 서로에 관한 얘기는 없고 그 자리에 없는 C와 D 얘기 그리고 기타 등등에 해당하는 얘기만 늘어놓습니다. 이런 경우 많이들 겪어보았을 겁니다. 왜 그럴까요? 서로를 알고 싶어 만났는데 서로에 대한 얘기를 하지 않는 희한한 상황이죠. 두 사람 모두 자신을 내보일 준비가 되지 않은 건 아닐까요? 표피적인 얘기 외에 좀 더 내밀한 얘기를 꺼낼 용기가 안 나는 걸 수도 있고요. 혹은 C나 D 그리고 기타 등등으로 시간을 채움으로써 구멍이 난 내 마음, 내 상황을 애써 감추고 있는 걸지도 몰라요.

이럴 땐 누구라도 먼저 자신의 구멍을 꺼내 보여야 가까워질 수 있습니다. 그러면 곧 A와 B의 얘기로 시간과 마음이 꽉 차는 경험을 하실 겁니다. 나의 구멍 혹은 약한 모습을 보고 도망가는 사람은 그냥 떠나보내도 괜찮습니다.

얼굴을 마주한
대화의 중요성

　　　　　연인이 마주 앉아 휴대폰 메시지로 대화하는 모습 많이 보셨지요? 자신의 내밀한 얘기를 친구나 가족이 아닌 SNS에만 털어놓는 경우도 많이 알고 계시죠? 여러분은 어떤가요? 시대에 뒤떨어진다는 얘기를 들을 수 있겠지만, 저는 얼굴 보고 대화하기를 적극 권합니다. 무릇 대화란 오고가는 말과 더불어 비언어적 소통을 통해 교감하는 것입니다. 얼굴을 마주 보고 대화할 때 말과 눈빛을 통해 서로를 이해하려는 노력이 더해지고, 두 사람의 호흡으로 공간을 채우게 되지요. 그러면 관계는 한 뼘 더 깊어집니다. 따뜻해지지요. 물론 SNS를 통한 소통도 장점은 있을 겁니다. 외롭지 않기 위해, 더 많은 친구와 교류하기 위해 SNS를 하신다는 분도 계실 텐데요. 수많은 낯선 타인의 관심과 사랑이 어떤 의미일지 생각해보면 좋겠어요.

외롭다고 느끼신다면, 더더욱 얼굴을 마주하고 대화하길 권합니다. 거절당할 것을, 무시당할 것을 혹은 사랑받지 못할 것을 겁내지 말고요. 누군지 모를 불특정의 관심과 사랑보다 실체가 있는, 내가 아는 특정의 관심이나 사랑이 우리에게 온정과 활력을 줄 겁니다.

상대를
'안다'는 것

우리는 '나, 누구를 잘 안다'는 말을 큰 고민 없이 씁니다. 누군가를 '잘 안다'는 건 어떤 의미일까요? 밥을 자주 먹고 함께 차를 자주 마시고 얘기를 많이 나누면 잘 알고, 친한 걸까요? 물론 그렇다고 생각할 수 있습니다. 그런데 여기에 하나를 덧붙이고 싶네요. '잘 안다'는 말은 상대의 가치관을 알 때 쓸 수 있는 말이라고 생각해요. 상대가 인생에 있어 중요하게 생각하는 가치, 그에 따른 삶의 방식을 알 때 비로소 상대를 안다고 말할 수 있을 겁니다. 가치관이 같은 사람을 만나면 그 사람과의 연결은 매우 자연스러워지며 오래도록 좋은 관계를 유지할 수 있게 됩니다. 이런 기준으로 본다면, 짧은 시간에 많은 사람을 잘 알기는 쉽지 않을 겁니다. 처음부터 인생의 가치에 대해서 얘기를 하게 되지는 않으니까요. 상대방을 알게 되기까지는 많은 시간과 노력 그리고 정성이 필요합니다.

관계의 황금률

) -|- (

누군가에게 사랑을 받고 싶나요? 그럼 먼저 그 사람을 사랑하세요. 누군가가 나를 배려해주기를 바라나요? 그럼 먼저 그 사람을 배려해주세요. 내가 정성과 사랑을 주지 않으면서 사랑받기를 바라지 마세요. 그리고 누군가 나를 비난하거나 욕한다고 너무 화내지도 마세요. 그 사람이 비난하는 모습도 내 모습 중에 있을 수 있어요. 아니라면 그 사람은 나를 잘 모르면서 그러는 거니까 신경 쓸 필요가 없지요. 나를 미워하는 건 그 사람의 문제지, 내 문제가 아니랍니다.

저에 대해서도 두 가지 평가가 있는 것 같아요. 저를 잘 아는 친구들, 즉 저와 시간을 많이 나누고 마음을 나눈 친구들은 저를 정이 많고, 강단 있고, 정직하고, 믿을만한 사람이라고 말하는 반면, 저를 잘 모르는 사람들은 냉정하다, 너무 당당하다, 잘난 척한다고 말합니다. 양쪽 다 저 맞습니다. 다만 저를 좋아하는 친구들은 '너무 당당해서 싫다'가 아니라 '자신감 있고 강직한 모습이 좋다'고 얘기를 해준다는 거지요. 제 입장에서는 당당한 게 비판받을 일인가 싶은데요. 자신감 넘치고 당당한 모습이 불편한 사람이 있을 수 있지요. 그 냥 받아들입니다. 나 자신과 내가 사랑하는 사람들을 위해 쓸 시간도 모자란데, 나를 별로 좋아하지 않는 사람들 마음에 들기 위해, 시간을 함께 쓰고 싶지 않은 사람들에게까지 제 시간을 나누고 싶지는 않아요. 다만 이런 얘기를 들을 때마다 주변에 조금 더 너그러워져야겠다는 반성은 합니다.

공감,
그 사람이 되어보는 것

현대를 살아가는 우리들에게 타인과 공감하는 능력은 상당히 중요한 덕목입니다. 공감이란 다른 사람의 관점을 취해보는 것입니다. 즉, 그 사람이 되어보는 것이죠. 우리는 누군가 어려움을 겪고 있음을 알게 되면 그 어려움을 제거할 수 있는 방법을 찾으려 하거나, 잘잘못을 따지거나 조언하고 싶어 하죠. 그러나 공감은 바로잡으려 하는 것이 아닙니다. 그 사람이 처한 상황을 해결하려는 것이 아니라 그 사람 옆에 앉아 한 방향을 보며 함께 느껴주는 것입니다. 옆에서 어깨를 내어주는 것만으로도 서로 연결이 되고 치유가 시작되니까요. 내가 이런 상황에 처했다면 상대방이 나를 어떻게 대해주면 좋을까 하는 마음으로 상대방을 대하는 겁니다. 옳고 그름을 논하고 싶지는 않겠지요.

그런데 이런 사람 꼭 있습니다. 상대방이 어떤 이유로 힘들다고 말할 때 "그 정도로 뭐가 힘들어. 넌 꼭 그러더라"라거나 "왜 그런 거에 그렇게 신경을 써, 신경 쓰지 마"라거나 "네가 민감한 거야. 다들 그렇게 살아"라고 말하는 사람들 말이죠. "나는 더한 일도 있었는데 뭐"라고 말한다면 최악입니다.

상대방은 그 문제로 힘들다고 하는데 우리가 이처럼 반응하면 어떨까요? 물론 별일 아닐 거라고, 위로하는 마음으로 그렇게 말했을 겁니다만 상대방의 입장에서는 전혀 공감받지 못했다고 생각할 거예요. 오히려 공감을 기대하고 말을 꺼낸 자신이 더 초라하다고 생각할 겁니다. "그렇구나, 네가 그 문제로 많이 힘들구나" 한 마디면 됩니다. 공감이란 나의 기준에서 문제를 보고 반응을 하는 것이 아닙니다. 내 기준에 그렇게 힘든 일이 아니라고 힘들어하지 말라고 말하면 안 되지요. '힘들다'는 건 절대적인 느낌입니다. 당사자가 힘들다고 생각하면 힘든 겁니다. 철저하게 상대방의 입장에 서야 공감이 이루어집니다. 이렇게 보면 공감을 한다는 건 참 어렵습니다. 고개만 끄덕여준다고 공감이 아니고, 내 맘이 그렇게 느껴지지 않는데 '그렇구나'를 연발할 수도 없으니까요. 주변에 공감 능력이 떨어지는 사람이 많은 이유를 알 것 같기도 합니다.

공감의 첫 단계는 함께 느끼는 것, 그다음 단계는 상대방이 원한다면 필요한 조언을 해주는 것입니다. 처음부터 말고요. 여러 말보다 따뜻하게 안아주는 것이 더 큰 공감을 표하는 것이기도 하고요. 따뜻한 시선으로 지긋하게 상대방을 바라봐주는 것도 좋습니다. 말없이 차만 마셔도 되고요. 상대방이 입을 뗄 때까지 기다려줘도 됩니다. 공감에는 조금은 느리고, 느긋한 호흡이 필요합니다.

진짜 사랑과
카르만 라인(Karman Line)

미국 드라마에 이런 에피소드가 나옵니다. 우주 비행사가 되기 위해 오랫동안 준비한 한 여성이 갑작스런 심장 이상으로 병원을 찾습니다. 우주 비행을 위해 NASA의 테스트를 모두 통과한 후입니다. 심장에 정말 문제가 있다면 꿈꿔온 우주 비행이 수포로 돌아가게 되지요. 그 여성은 우주 비행의 꿈을 포기하지 않고, 곁을 지키는 남편은 아내를 말리지 못합니다. 그녀가 간절히 원하는 일이라는 걸 알기 때문이지요. 의사의 노력과 환자의 간절함으로 수술과 우주 비행을 위한 심장 테스트를 무사히 마쳤습니다. 우주 비행이 가능해졌습니다. 이 모든 과정을 마친 후 의사가 남편에게 묻습니다. "아내가 당신보다 우주를 더 사랑하는 걸 어떻게 견딜 수 있습니까?" 그러자 남편이 이렇게 말합니다. "저는 아내를 사랑하고, 아내는 우주를 사랑하지요. 지구 대기권과 우주의 경계선을 카르만 라인이라고 하는데 진짜 사랑은 사랑하는 사람이 경계선을 넘을 수 있도록 지켜봐주는 거라고 생각해요."

우리는 혹시 사랑한다는 이유로, 사랑하는 대상이 경계를 넘지 못하도록 혹은 경계를 넘지 말라고 채근하고 있지는 않나요?

남이 나를
대해주었으면 하는 방식으로
남을 대하라

많은 경우에 우리는 상대방이 나를 존중하지 않거나 배려하지 않았다고 불만을 갖습니다. 그런데 잘 생각해보세요. 나는 그 사람을 어떻게 대했는지를요. 관계는 상대적인 것이라 내가 잘하면 대부분의 경우는 상대방도 나에게 잘하게 되어있어요. 물론 그렇지 않은 경우도 있지만요. 그런 경우엔 그 관계를 오래 지속할 필요는 없다고 생각해요. 그동안의 정을 생각해서 한두 번은 눈감아줄 수 있지만 지속적으로 그런다고 하면 그 사람은 계속 관계를 유지할 만큼의 가치가 없는 사람이에요. 물론 인간관계라는 게 그렇게 간단히 정리할 수 있는 것이 아니니 참 어려운 문제입니다.

내가 듣고 싶지 않은 말(거친 언사와 배려 없는 행위, 욕설 등)은 상대방에게 해서는 안 되며, 남이 나를 이렇게 대하지 말았으면 하는 바는 나도 남에게 그렇게 하면 안 됩니다. 내가 저 사람한테서 이런 대접을 받을 이유가 없는데라는 생각이 들 때가 간혹 있을 거예요. 그런 경우, 우선 그 사람을 비난하기보다 내가 그 사람을 그렇게 대한 적이 없는지 한번 돌이켜보는 게 도움이 될 겁니다. '그냥' 혹은 '이유 없이' 그렇게 행동하는 사람은 드뭅니다.

우리는 모두 자기중심적인 부분이 있어서 내가 상대방에게 어떻게 대하는지를 고려하기보단 상대방이 나를 어떻게 대하는지에 더 민감할 수밖에 없습니다. 내가 억울한 것은 못 참고 내가 상대방을 억울하게 하는 건 '이유가 있다'고 생각하지요. 교양 없이 남을 대하는 사람이 되어서는 안 됩니다. 아울러 상대방이 내 말에 귀기울이길 바란다면 나도 상대방의 말을 귀담아들어야 합니다. 가끔 보면 대화 점유율 99%인 사람이 있어요. 여럿이 모여있는데 혼자 떠들면 누가 좋아하겠습니까. 여럿이 모였을 때는 적절한 말을 적당한 비중으로 하는 것이 참 중요해요. 10만큼을 말하려고 했다면 그중 3만큼만 꺼내놓아도 충분합니다. 말을 많이 하는 사람보다는 들어주는 사람이 더 매력적인 거 아시죠?

과하지도
모자라지도 않게

오래전 〈생방송 60분 부모〉 프로그램을 연출할 때 일입니다. 〈생방송 60분 부모〉는 아이를 키우는 게 힘들다는 사연, 양육 스트레스로 힘들다는 사연, 아이가 왜 이런 행동을 하는지 모르겠다는 사연 등으로 저희에게 도움을 청하는 부모들을 대상으로 하는 프로그램입니다. 게시판에 올라온 사연 중 방송에서 다룰 사례를 정한 뒤 전화를 하면 엄마들은 본인 사례가 채택된 것이 고맙기도 하지만 막상 내 아이와 나의 어려움이 노출된다는 이유로 또 걱정에 휩싸입니다. 섭외를 담당하는 작가들은 한 사례도 놓치지 않으려고 매우 친절한 매너로 사례자를 대합니다. 옆에서 통화하는 걸 듣다 보면 친절이 좀 과하다고 느껴질 정도입니다. 어렵게 촬영을 허락하고 하루 이틀이 지나면서 방송이 두려워진 사례자들이 작가들에게 여러 차례 전화를 합니다. 작가들도 짜증이 날 법하지요. 같은 하소연을 계속하니까요. 어떤 때는 처음의 친절함을 그대로 유지합니다. 그러다 또 어떤 때는 매우 건조하게 전화를 받습니다. 이렇게 되면 사례자는 어제와 다른 작가의 전화 매너로 다시 불안해지고 걱정을 하게 됩니다. 자신과 자신의 이야기가 공감받지 못한다고 느끼게 됩니다. '내 사례가 방송에 적합하지 않아서 작가가 저렇게 말하나?' '나를 거절하려고 저러나?' 걱정스러워합니다. 하루도 어김없이 이런 일들이 반복적으로 일어납니다.

이런 이유로 제가 작가들에게 항상 당부하던 말이 있습니다. "방송을 허락하기까지는 친절하다. 그런데 그 뒤로 하소연을 하는 사례자를 대할 때는 친절도가 낮아진다. 그러면 상대방은 또 다른 형태의 불안과 걱정을 경험하게 된다. 무엇보다 공감받고 있지 못하다고 생각하기 때문에 더 불안해진다. 어떤 경우라도 항상 유지할 수 있는 정도의 친절함으로 응대하면 좋겠다. 처음엔 120만큼 친절하다가 나중에 60의 친절도를 보이면 그 차이가 어마어마하다. 그러나 늘 친절할 수 있는 정도, 즉 70~80 정도의 친절도로 응대하면 그 차이가 크지 않다. 사례자에게는 방송국 스태프들의 변함없는 애정과 관심이 필요한 거다."

제가 일할 때의 사례를 예로 들었지만 인간관계에서도 마찬가지입니다. 지나침은 모자람만 못합니다. 처음에 타인의 마음을 사려고 과하게 친절하다가 뭔가 사이가 틀어지는 일이 생기거나, 마음에 들지 않으면 '내가 알던 사람이 맞나' 싶을 정도로 이상해지고 괴상해지는 사람들이 있습니다. 과함과 지나침은 늘 경계해야 합니다. 과하게 친절한 사람, 과하게 예의 바른 사람, 지나치게 돈을 많이 쓰는 사람, 지나치게 호탕한 척 웃는 사람, 지나치게 아는 척을 많이 하는 사람, 모두 경계 대상입니다.

사소한 걸
사소하게 여기지 마라

누군가에게 감동을 주고 싶으세요? 크고 비싼 선물을 하거나, 크고 거창한 일을 기억하는 게 능사는 아닙니다. 오히려 작은 걸 기억해주고 함께 기뻐해주고 슬퍼해줄 때 깊은 정을 느끼게 됩니다. 상대에게 화가 나거나 삐치는 건 많은 경우 사소한 것에서 마음이 상한 때입니다. 너무 사소해서 상대방이 나의 어떤 점 때문에, 왜 기분이 상했는지 전혀 감을 잡을 수 없을 때도 많습니다.

사소한 걸 사소하게 여기지 않고, 나와 내 주변을 섬세하게 바라보고 챙긴다면 정다운 사람, 신뢰할 수 있는 사람이 되지요. 그러나 우리는 거창하고 큰, 영웅적인 말과 행위에 집중하는 경향이 있어요. 중요한 건 나와 타인에 대한 진정한 관심과 경청 그리고 진심으로 타인을 배려하는 것이랍니다. 스치듯 했던 말을 기억해주는 것, 나 자신도 잊고 있던 나에게 소중한 기억 같은 거요. 그것이 영웅적 행동보다 낫다는 거예요.

조금 손해 보듯이 살아라

제 어머니의 가르침 중 한 가지를 여러분과 나누고 싶습니다. 어머니는 제가 어릴 때부터 좀 넘친다고 생각하셨는지 '똑똑한 네가 조금 양보하고' '다른 애들이 하기 싫어하는 걸 대신하고' '조금 손해 본다' 생각하고 살라고 가르치셨어요. 내가 왜 손해를 봐야 하는데라고 되묻는 저에게 어머니께서는 늘 이렇게 말씀하셨어요. "그렇게 하는 건 덕(德)을 짓는 일이고, 그렇게 쌓인 덕은 너에게 그리고 후대에게 다시 베풀어질 것이다"라고요. 현재를 살고 있는 우리에게 꼭 필요한 가르침이 아닌가 싶어요. 지금도 가끔 욕심이 올라오거나 내 것을 놓치고 싶지 않은 마음이 들 때면 어머니의 그 말씀을 되새기며 정신을 바로잡곤 한답니다. 덕분에 지금은 일을 하면서 '내가 도울 수 있어서 감사하다' '누군가에게는 어려운 일이지만 나에겐 어려운 일이 아니니 내가 조금 더 하면 주변이 편안해지겠지' 하며 일을 합니다. 하고 싶어도 능력이 부족해 못 하는 상황보다는 능력이 되어 더 할 수 있음에 감사합니다.

남들보다 일을 조금 더 한다면, 그 일을 하는 과정에서 배운 것들은 결국 내 것이 됩니다. 나의 역량이 커지는 것입니다. 그 일을 통해서 만난 사람들, 새롭게 알게 된 지식과 정보, 그로 인해 얻은 결과는 인생의 어느 시점에선가 나에게 도움이 될 것입니다. 그러니 남들보다 내가 더 일을 한다고 손해를 보는 것이 아니라 이득을 보는 셈이지요.

누군가를 위해 내 것을 나누어준다고 해서 내 것이 없어지는 것이 아니며, 내 것을 나눔으로 해서 주변 상황과 결과가 좋아진다면 그것은 크나큰 축복이라고 생각합니다.

만날 때보다
헤어질 때
더 정성을 들여라

누구나 첫 만남을 앞두고는 상대에게 좋은 모습을 보이려고 노력하지요. 어떤 이유로 헤어질 때가 되면 이 사람이 그 사람이 맞나 싶을 만큼 가혹한 모습을 남기고 떠나기도 합니다. 우리는 언제고 만나고 헤어질 수 있어요. 헤어졌다가 또 만날 수도 있다는 뜻입니다.

헤어질 때는 헤어지고 싶은 마음을 솔직하고 친절하게 설명해야 합니다. 물론 그 내용이 상대를 아프게 할지라도 그래야 한다고 생각해요. 설명 없이 이별을 통보하거나 제3자를 통해 듣게 하는 건 예의가 아니에요. 그러나 막상 이런 상황에 부딪히면 참 난감하기 이를 데 없죠. 많은 사람들이 안면 몰수하고 막말을 하거나, 연락을 끊거나, 예의 없이 이별을 통보합니다. 헤어지면 얼마간은 서로에게 상처가 남을 수 있습니다. 그러나 충분히 설명하고 이해된 이별이라면 외상으로 그칠 수 있지만, 이유를 알지 못한 채 내쳐지는 느낌을 받으면 깊은 내상을 입게 됩니다. 나든 상대든 말이죠. 그 상처는 회복이 불가능할 수 있어요.

오래전 특강 프로그램을 연출할 때 일이에요. 국내의 저명한 교수님을 모셨는데 막상 강의를 들어보니 콘텐츠가 기대에 못 미쳤어요. 고민 끝에 방송에 내보낼 수 없다고 판단했죠. 어떻게 저의 결정을 알리느냐가 숙제였습니다. 제가 책임자였기에 직접 찾아뵙고 말씀을 드리는 수밖에요. 얼마나 긴장하고 불편하고 어려웠는지 몰라요. 우리 사회의 내로라하는 저명한 분의 강의 내용을 거절하는 것이니까요. 그러나 PD로서 솔직하게 품평을 말씀드리니 넓은 아량으로 이해해주셨고, 더불어 오히려 방송 나가고 문제가 생기기 전에 솔직하게 얘기해줘서 고맙다고 하시더라고요. 속으로는 많이 언짢고 상처를 받으셨겠지만 본인과 방송을 위해 PD의 의견을 존중해주셨어요. 그런데 놀라운 일은요, 그 뒤로 지금까지 20년이 넘는 오랜 시간 동안 인연을 맺어오고 있다는 사실이에요. 그분은 PD의 과격한 솔직함을 높이 사주신 거고, 저는 또 그분의 넓은 아량에 깊이 감명을 받은 거지요.

진심 어린 칭찬은
지나쳐도 아름답다

우리는 다른 사람들의 훌륭한 면을 보았을 때나 좋은 일이 생겼을 때 선뜻 인정하려 들지 않거나 무시하려는 경향이 있습니다. 사이가 먼 사람보다 가까운 사람의 일일 때 조금 더 그런 것 같습니다. 아마도 의식하지 못하는 사이 시기나 질투의 마음이 작동한 거겠지요.

칭찬이라고 무조건 다 좋은 것은 아닙니다. 진심 어린 칭찬이 좋습니다. 그렇지 않은 경우를 흔히 '영혼 없다'고 하지요. 오히려 아무 말을 하지 않을 때보다 역효과가 납니다. 흔쾌한 마음으로 칭찬을 할 수 있다면 그건 참 곱고 아름다운 마음입니다.

인정받고 칭찬받았을 때의 그 느낌을 기억하고, 다른 이들을 많이 격려하고 칭찬해주세요. 칭찬은 조금 지나쳐도 아름답습니다. 남의 흠결이나 실수를 꼬투리 잡으려 하기보다는 좋은 점을 많이 발견하여 구체적으로 말해준다면 상대방은 정말 신이 날 겁니다.

저는 평소 동료 PD들의 수상 소식을 꼭 기억하고 칭찬합니다. 동료가 수상을 하면 그 자체로 축하할 일이고, 동시에 EBS의 이미지가 높아지고 우리 프로그램이 알려지는 것이니 더더욱 기쁜 일입니다. 제가 받지 못한 상을 동료가 받아주니 얼마나 고마운지 모릅니다. 평소 교류가 많았던 많지 않았던 간에 수상의 기쁨을 함께하려고 합니다. 평소 교류가 많지 않았던 동료의 경우는 저의 진심 어린 축하와 칭찬에 진심으로 기뻐합니다. 마음만 조금 내주었을 뿐인데 칭찬의 기쁨은 그 몇 배로 돌아옵니다.

세상 사람은
다 나의 스승이다

갓난아기의 해맑은 웃음을 보며 나의 순수함을 들춰볼 때가 있습니다.

초등학생의 순진한 질문으로, 때 묻은 나의 욕심을 씻어낼 때가 있습니다.

중고등학생들의 거침없음을 만나게 되면, 인생에 대한 도전을 다시 꿈꿀 때가 있습니다.

청년의 고통을 보면, 그들에게 도움을 줄 수 있는 어른이 되어야겠다는 생각을 하게 됩니다.

누구를 만나든지, 삶의 어떤 장면을 접하든지 우리는 그것을 통해 생각을 확장하게 되고, 배움을 얻고, 깨달음을 얻습니다. 이렇듯, 세상 사람은 모두 다 나의 스승입니다. 훌륭한 사람에게서는 그 훌륭함을 배우게 되고, 그렇지 못한 경우에는 '나는 저러지 말아야지'라고 생각하게 되니 그 또한 스승입니다.

만나는 사람, 만나는 상황과 진실하게 접속을 하면 분명히 나에게 흔들림과 울림이 생기게 마련입니다. 사람을 통해서 나의 사람됨을 점검하게 되고 더 좋은 사람이 되고자 희망하게 됩니다. 상황을 마주해서는 그 일이 잘 해결되기 위해 내가 가진 모든 지식과 경험을 동원하게 되고 통합적으로 사고하게 됩니다. 또한 관계자들과 함께 협력을 하게 됩니다. 그런 과정 중에 내가 몰랐거나 이해가 부족했던 것들이 채워지는 경험을 하게 됩니다. 이런 과정에서 또 많이 배우게 됩니다.

세상은 여러 부류의 사람들이 함께 어울려 사는 곳입니다. 모두 나름의 존재 이유가 있습니다. 나는 타인에게 스승입니다. 타인은 나의 스승이고요. 그러니 나와 너는 서로 '훌륭한 스승'이 되어주면 좋겠습니다. 스승을 존중하고 존경하듯, 타인을 스승 대하듯 존중하고 존경하면 참으로 많은 배움이 나에게 허락될 것입니다.

가족은 타인 대하듯 ┤━━━━━━━

━━━━━━━┤ 타인은 가족 대하듯

많은 자녀들은 부모에게 온갖 짜증을 냅니다. 존댓말보다는 반말을 하고요. 원하는 걸 거리낌 없이 요청합니다. 원하는 게 얻어지지 않을 때는 부모를 원망하는 말과 행동을 하고요. 부모를 함부로 대하는 경우도 많이 봤습니다. 그런데 생각해보세요. 여러분 부모님의 나이가 40~60대일 텐데요. 우리가 집 밖에서 40대 이상의 어른들에게 반말하고 짜증 내고 거칠게 말하고 행동하나요? 그렇지 않지요. (가끔 언론을 통해 그런 패륜의 사례를 접하지만, 그건 매우 예외적인 경우이고 그런 일은 결코 없어야 합니다) 엄마 아빠는 어른입니다. 부모를 상대로 거친 말과 행동을 하는 건 삼가야 합니다. 내 부모는 내가 가장 존경하고 깍듯하게 예의를 갖추어야 하는 대상이지 함부로 대해서는 안 되는 존재입니다. 그 역도 성립합니다. 부모들은 자녀에게 잔소리를 많이 하고, 억압하거나 강요하는 말을 많이 합니다. '…하지 않으면 …를 해주지 않을 거야'라는 기분 나쁜 협박도 하고요. 그런데 집 밖의 다른 집 자녀들에겐 어떻습니까? 교양 있는 어른처럼 말하고 행동하지 않습니까? 남의 집 자녀를 막 대하지는 않잖아요. 저의 작은 애가 여섯 살 무렵인가 "엄마는 ○○한테는 다정하고 친절하게 말하면서 우리한테는 왜 화를 내면서 말하는데?"라고 말한 적이 있어요. 많이 미안하고 부끄러웠습니다.

결론은 부모든 자녀든 내 가족은 타인 대하듯 예의 바르게 대해야 한다는 점입니다. 더불어 타인은 내 가족인 듯 배려하자는 얘기를 하고 싶어요. 지하철 안의 풍경을 예로 들어볼게요. 지하철에 내 할아버지 할머니께서 서 계시다면 두 번 생각할 것 없이 자리를 양보하겠지요? 내 누나가 임신을 했다면 임신부에게 자리를 양보하겠지요? 내 어린 조카가 서 있다고 생각한다면 아이에게 자리를 양보하겠지요? 물론 어른들 입장에서도 내 앞에 서 있는 청년이 피곤한 얼굴로 책을 보고 있다면 내 아들, 딸을 생각해서 자리를 양보할 수 있는 거고요.

가족과 타인에 대한 배려가 일상생활의 모든 면에서 발휘되면 참 좋겠다는 생각을 해봅니다.

마지막 말은 삼켜라

친구 사이, 연인 사이, 부모 자녀 사이, 부부 사이, 직장 동료 사이에서 갈등과 다툼이 있을 수 있습니다. 화가 나고 언성이 높아지고 감정이 섞인 말이 오고 갑니다. 누가 이기나 해보자는 심정으로 싸울 때는 정말 별말을 다하게 되지요. 통제할 수 없는 지경에 이를 때도 있습니다. 그런데 싸움이 끝나고 나면 어떻습니까? 그 말만은 하지 말걸 하는 후회가 밀려옵니다.

싸움에도 암묵적인 룰이 있습니다. 넘어서는 안 되는 선이 있는 겁니다. 이 말까지 해야 속이 후련하겠다고 생각하는 그 말, 바로 그 말은 해서는 안 되는 겁니다. 이 말을 하면 상대방이 진짜로 기분이 나쁠 거라고 생각하는 바로 그 말은 해서는 안 됩니다. 이 말을 하면 상대방이 나가떨어질 거라고 생각하는 바로 그 말, 마지막 생각을 담은 그 말은 꿀꺽 삼키세요. 마지막 말은 나의 본심도 아니고 문제 해결에 도움이 되는 말은 더더욱 아니며 단지 상대방을 공격하기 위한 말일 가능성이 큽니다. 예를 들어 공부를 하지 않는 아들에게 엄마가 '그렇게 공부해서 뭐가 되겠니?'라는 말, 연인 간 싸움 끝에 '우리 헤어져'라는 말, 자식이 부모에게 '그럼 나를 왜 낳았어요? 누가 낳아달라고 했어?'라는 말. 실수한 직원을 상대로 상사가 '그러니 ○○씨를 원하는 부서가 없지'라는 말. 모두 삼켜야 하는 말들입니다.

좋은 말,
나쁜 말,
이상한 말

나의 입 밖으로 나오는 순간, 그 말은 더 이상 내 것이 아닙니다. 엎질러진 물과 같지요. 말은 인격과 같다는 말씀도 드렸습니다. 밝고 긍정적이고 칭찬하는 말을 엄격하게 다룰 필요는 없습니다. 물론 이 또한 과하면 진정성을 의심받고 가치가 없어지니까 적당한 게 좋겠지요. 문제가 되는 경우는 그 반대의 경우입니다. 상대방에게 상처를 주는 말, 남을 험담하거나 부정적인 말, 불안을 조장하는 말, 걱정과 근심이 가득한 말, 상대방을 조롱하는 말들입니다. 꼭 이런 말들이 아니어도 일상의 대화 속에서 말실수를 하는 경우가 많습니다. 그러니 말을 하기 전에 한번 검토하는 과정이 필요합니다. 중요한 건 상대방이 내 말의 뜻을 정확히 이해하는 거니까요. 꼭 그 단어, 이 문장을 써야 하는지도 점검하시고요. 잘못 쓴 단어 하나로 오랜 관계가 끊어지는 것도 많이 봤어요. 말꼬리를 잡는 말 같지 않은 말싸움으로 애초의 시작이 뭐였는지 대화 자체가 퇴색되는 경우도 많이 봤습니다.

더불어 개념 없이 아무 말이나 떠들어대는 건 그 사람의 매력을 떨어뜨립니다. 그리고 말을 할 때는 완전한 문장으로 말하는 습관을 가지세요. 길을 지나다 보면 단어나 감탄사 등 짧은 말로 대화를 이어가는 젊은 친구들을 많이 보게 됩니다. 어릴 때는 그렇게 대화해도 용납이 되지만 나이 들어서까지 계속 반 토막짜리 문장을 구사하면 가벼운 사람 취급을 받습니다. 가벼운 사람과 진지한 대화를 하고 싶어 하는 사람은 없습니다.

여기서 냉정하게 생각해볼 측면이 하나 있는데요. 짧고 가볍게 말하는 것이 단순한 언어 습관일까요 아니면 길고 진중하게 말할 콘텐츠가 없어서 그런 걸까요. 자신만이 알겠지요? 전자의 경우라면 습관을 고치면 되고요. 후자의 경우라면 지식과 교양, 질 좋은 경험들을 많이 해서 말의 내용을 풍부하게 마련해야 합니다. 나쁜 말, 이상한 말은 가급적 배제하고 좋은 말로 표현하는 방법을 연구해봅시다.

상대방이 듣게
말하는 법

학교나 직장에서 프로젝트 수업이나 팀 과제 그리고 그 결과를 프레젠테이션하는 경우가 많이 있지요? 프레젠테이션을 잘하고 싶은데 그러지 못해 의기소침해하는 경우를 많이 봤어요. "말을 잘하지 못해서 발표에 자신이 없어요"라고 하소연하는 경우도 많이 봤습니다. 결론부터 말하면 프레젠테이션은 말을 잘하고 못하고에 좌우되는 건 아닐 겁니다. 어떻게 하면 프레젠테이션을 잘할 수 있을까요?

이렇게 해보세요. 내가 발표자로서 프레젠테이션을 연습하는 게 아니고 내가 발표를 듣는 관객이 되는 겁니다. 관객 입장에서 발표자가 이렇게 프레젠테이션하면 머리에 쏙쏙 들어오겠다 하는 방식을 고민하는 겁니다. 아마도 지금까지는 발표자의 입장에 집중했을 겁니다. 그러면 정보와 지식, 경험을 공급하는 발표자의 말로만 프레젠테이션을 하게 됩니다. 여러분이 관객일 때 그런 발표, 잘 듣게 되던가요?

저는 지금도 강연 준비를 하거나, 중요한 보고를 할 때, 그리고 임원의 인사 말씀 등을 도와드릴 때 이 방법을 사용합니다. 발표 자료나 원고를 쓰기 전에 잠시 눈을 감고 관객석에 앉아있다고 상상합니다. 발표자와 관객들이 함께 호흡하는 이 공간에서, 서로에 대해 기대하는 바가 무엇인지, 어디서 호흡을 정리할지, 시선 처리를 어떻게 할지, 웃음 포인트는 어느 때 넣을지까지 함께 고민합니다. 상상하는 시간 동안 나는 발표자가 되는 동시에 관객이 됩니다. 이 말은 관객에게 이렇게 전달이 되겠다라는 상상을 하며, 발표자의 의도가 온전히 전달되지 않을 것 같으면 표현을 달리해봅니다. 이렇게 하면 같은 말이라도 조금은 다른 표현을 고민하게 되고, 상황에 좀 더 들어맞는 표현을 찾게 됩니다. 행운이 따른다면, 듣는 이의 마음을 울리는 이야기를 할 수 있게 됩니다.

말다툼을
지혜롭게 하는 법

"ㅡ|ㅡ"   "✕"

누구나 말다툼을 할 때가 있지요. 말다툼 상황을 지켜보면, 본질인 내용이 아니라 표현 방식으로 싸움이 번질 때가 있어요. '어떻게 그렇게 말할 수가 있어?' '내 말은 그게 아니고.' '됐어, 그런 뜻이 아니면 도대체 뭔데?' '너는 항상 그런 식으로 말하더라.' 이런 전개 익숙하시죠. 급기야 말꼬리를 잡게 되고 말다툼은 길어집니다. 그래서 중요한 다툼에는 이메일(손 편지도 좋습니다)을 활용하는 걸 권하고 싶습니다. 글은 기록으로 남기 때문에 보내기 전에 몇 차례 검토를 하게 됩니다. 상대에게 꼬투리를 잡히지 않으면서 메시지를 정확하게 전하기 위해서요. 물론 이메일을 보내겠다고 사전에 알려주는 게 좋습니다. 그렇지 않으면 상대방은 갑작스런 이메일에 일방적으로 통보를 받는다는 느낌을 받을 수 있고, 심하게는 취조를 당한다는 느낌을 받을 수 있습니다. 운 좋게 상대방도 이메일에 답신을 하고 이렇게 두어 번 정도 이메일을 주고받다 보면 오해를 풀 수 있고, 서로를 더 잘 이해하게 됩니다.

장문의 이메일은 상대에게 내가 이 문제를 얼마나 진지하고 심각하게 생각하는지를 고스란히 전해줍니다. 감정을 최대한 배제하고 이성적으로 접근할 수 있는 건 물론이고요. 이렇게 한다고 해서 다툼의 원인과 다툼 행동이 완벽히 해결된다고 장담할 수는 없어요. 하지만 말로 하게 되면 감정이 먼저 올라와서 하고 싶은 말을 제대로 전하기가 어렵고 원치 않는 감정싸움으로 번질 수가 있습니다. 감정싸움은 서로에게 불필요하고, 상처 주는 말이 동반되기 마련이지요. 싸움의 목적은 문제를 해결하기 위함이지 상대방을 아프게 하는 게 아니잖아요.

올바른 질문이
진실로 안내한다

╬ ? ╬

부모와 자녀의 대화 한 편을 소개할까 합니다. 아이가 친구를 다치게 했음이 의심되는 상황입니다. 부모가 아이를 앉혀두고 다짜고짜 묻습니다. "네가 그랬지?" "왜 친구를 때렸니?" 아이는 자신이 그런 게 아니라고 답합니다. 몇 번의 추궁에도 단호하게 아니라고 합니다. 질문을 이렇게 바꿔봅시다. "친구가 다친 것에 대해 진실 한 가지만 말해줄 수 있겠니?" 그제야 아이는 부모가 알고 싶어 했던 내용에 답을 합니다. 물론 아이가 한 짓은 아닙니다.

무엇이 보이나요? 올바른 질문을 던질 때 우리는 진실에 가까워질 수 있습니다.

약속을 지키는 건
상대를 존중하는 일이다

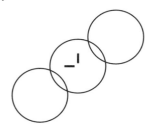

어떤 경우에도 시간 약속은 꼭 지키는 게 좋습니다. 서로의 일정을 확인한 후 약속을 한 것이기 때문에 되도록 지켜야 하지요. 물론 피치 못할 상황이 생겨 못 지킬 경우는 사전에 연락해 양해를 구해야 합니다. 그런 일은 늘 있을 수 있습니다. 갑자기 예기치 않은 일들이 생길 수 있으니까요. 그런데 단순 변심(귀찮아서, 혹은 갑자기 만나고 싶지 않은 마음)으로 약속 시간에 임박해서 연락을 한다거나 혹은 뒤늦게 약속을 깜박했다고 말하는 경우를 보게 됩니다. 혹은 약속 당일, 약속 상대보다 더 권위가 있는 사람이 끼어들어서 약속을 취소하는 경우도 봤습니다. 물론 급한 일이 생겼다는 핑계를 대겠지만요. 상사로 인해 약속을 지키지 못하게 될 때라도 있는 사실 그대로를 말해야 합니다. 그것을 거부하기란 쉽지 않다는 걸 상대방도 잘 알고 있습니다. 솔직하게 약속 취소 사유를 말하면 상대방은 존중받는다는 느낌을 받습니다. 그러나 어설프게 에둘러 다른 핑계를 대면 상황이 악화됩니다.

약속이 지켜지지 않으면 상대방은 자신이 무시당한다고 느낄 수 있습니다. 우리는 누구나 귀한 존재로 존중받기를 원합니다. 상대방은 이미 약속 장소에 나와있는데 약속 시간에 임박해서 취소한다는 통보를 받거나 혹은 그 통보마저 받지 못한다면 무시당한다고 느낄 수 있지요. 어떤 경우는 약속을 메모해두지 않아 본의 아니게 중복 약속을 잡는 경우도 있어요. 나중에 알게 되더라도 그 사실을 솔직히 얘기하고 양해를 구하면 아무 문제가 되지 않아요.

약속을 밥 먹듯이 어기는 사람은 매력이 없을 뿐 아니라 신뢰할 수 없는 사람으로 여겨진답니다. 약속 시간에 조금 늦는다면 조금 늦겠다고 말하면 됩니다. 어떤 분은 10분쯤이야 뭐 어때 하고 그냥 넘기지만, 여러분이 기다리는 입장이되면 짜증이 나겠지요. 미리 양해를 구하면 아주 간단한 문제인데 말입니다.

타인에 대한 기대는
본전 생각을 부른다

　　　　　친구나 연인, 직장 동료나 가족 누군가에게 호의를 베푼 적이 있을 겁니다. 따뜻한 말, 정성스런 선물이나 식사 대접 등 여러 방식으로요. 상대방이 곤경에 처했을 때 도와주었던 일들을 포함해서요. 그런데 내 도움을 받았던 그들이 감사함을 표현하지 않는 경우가 있어요. 그러면 어느새 돕고자 했던 선한 의도는 없어지고 본전 생각이 나기 시작합니다. '내가 이렇게 인사를 했는데 답이 없네' '왜 답례를 안 하지? 지난번에 내가 밥을 샀으니 이번에는 그쪽이 사야 하는 거 아니야?' '지난번에 내가 시간을 내서 도와줬으니 이번엔 당연히 나를 위해 시간을 내줘야 하는 거 아니야?' 이런 본전 생각이요.

만약 우리가 선한 의도로 상대를 위해 베풀었다면, 그 대가는 바라지 않는 게 나 자신을 위해서 그리고 상대방과의 관계를 위해서 좋습니다. 대가를 바라는 경우에는 돕기 전에 원하는 대가를 분명하게 말하는 게 좋고요. 우리는 대가를 요청하는 것이 점잖지 못하다고 생각하는 경향이 있는 것 같아요. 그 욕망을 등 뒤에 숨겨놓고 상대방으로부터 기대한 반응이 나오지 않으면 애초의 선한 의도마저 까마득히 잊을 만큼 분노합니다.

나에게 기쁜 일이 생겼는데 친구가 나만큼 기뻐하지 않는다고 그 친구를 비난할 수 있을까요? 이만큼 위로받고 싶은데 그만큼 위로해주지 않는다고 섭섭해해야 할까요? 나에게 기쁜 일이 생기면 나 혼자 기뻐해도 충분합니다. 좀 삭막하다고요? 타인의 위로와 격려 그리고 칭찬은 그 순간은 힘이 되지만 뒤돌아서면 결국은 내 문제이므로 타인에게 크게 기대하지 않는 게 좋습니다. 특히나 상대방이 자발적으로 알아주면 좋지만, 자꾸 알아달라고 보채지는 마세요. 다들 살기 바쁘잖아요. 좋은 일이든 나쁜 일이든 내 문제는 내 선에서 맺음을 하는 게 단정합니다. 기쁨은 나누면 두 배, 슬픔은 나누면 반이 되는 건 분명 맞는 말입니다. 그런데 이 문법이 통하지 않는다고 해도 실망하지 않는 게 중요해요. 내가 너에게 이만큼 해줬는데 너는 나한테 왜 그렇게 안 해주냐는 식의 기대는 금물입니다. 내가 다른 이를 위해 한 일은, 해준 것으로 내 손을 떠난 겁니다. 잘하셨어요. 누가 알아주지 않아도 그 행위는 이루어진 것이니까요. 선한 의도로 착한 행동을 했으면 복을 짓는 것이고 덕을 행한 것이니까 그것으로 충분하다고 생각하면 좋습니다.

좋은 사람 만나기를 기대하기보다
나부터 좋은 사람 되기

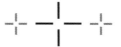

　　　　　　　젊은 친구들 몇 명이 모이면 이성에
대한 주제가 꼭 등장합니다. 능력 있고 훌륭한 이성을 만나
면 좋겠다는 얘기가 들립니다. 여러분 자신은 어떤 모습인
가요? 좀 냉정하게 들리겠지만, 좋은 사람을 만나고 싶다면
나부터 좋은 사람이 되어야 합니다. 내가 멋진 사람이면 멋
진 사람이 다가오게 되어있어요. 내가 멋진 사람이 되고자
노력하지 않으면서 멋진 사람이 다가오기만을 기대한다면
공정하지 않겠지요? 타인은 어떻게 되어달라는 나의 바람
에 따라 움직이는 존재가 아닙니다.

가족 안에서 이런 일로 갈등을 겪는 경우를 많이 봅니다. 부
부 사이, 부모와 자녀 사이, 형제자매 사이에서 서로에 대한
기대치가 높아서 그 기대치가 충족되지 않을 때 다투고 화
내고 합니다. 부모 입장에서 내 아이가 옆집 아이처럼 성격
도 좋고, 공부를 열심히 해서 좋은 대학에 가기를 원한다면
요? 남편 혹은 아내 입장에서 배우자가 승승장구해서 높은
직책으로 승진하고, 돈도 더 많이 벌어오길 기대한다면요?

자녀 입장에서 부모가 자신의 앞길을 탄탄대로로 만들어줄 능력 있는 부모이기를 기대한다면요? 남자 친구가 혹은 여자 친구가 더 잘난 사람이기를 기대한다면요? 가족과 타인에게 어떻게 되어달라고 기대하지 마세요.

타인에게 기대하는 모습이 있다면 내가 그 모습이 되고자 노력하는 것이 먼저입니다. 나는 나의 의지와 노력으로 내가 원하는 모습으로 바뀌어갈 수 있으니까요.

편견의 위험 ——————————————+

우리는 나와 다른 방식으로 사태를 보거나 일을 처리하는
사람을 경계하고 의심하는 경향이 있습니다. 무슨 꿍꿍이나
숨은 의도가 있을 거라고 생각하는 거죠. 한번 그런 생각이
들기 시작하면 생각의 꼬리는 걷잡을 수 없이 길어집니다.
사사건건 눈에 거슬리고 급기야 상대의 실체를 파헤치겠다
고 넘지 말아야 할 선을 넘습니다. 결국 관계는 자꾸 엇나가
고 일은 더 꼬입니다. 어떻게 해야 할까요? 의심이 들면 직
접 물어보세요. 진실을 말하지 않을 거라는 의심은 잠시 접
어두고요. 묻는 행위는 상대의 마음을 울릴 수 있습니다. 묻
기까지 얼마나 고심을 했는지 전달이 되거든요. 깊은 고민
이 담긴 질문에 거짓으로 응대할 사람은 별로 없을 겁니다.

받아들여지지 않는 조언

부모가 자녀를 상대로, 혹은 어른이 청년을 상대로 조언을 많이 합니다. 걱정되는 마음에, 잘되라는 마음에 자신의 지식과 경험을 나누어주고 싶은 마음에서 그런 것일 텐데요. 상대방이 도움을 청할 때 해주는 조언이 실효성이 있지요. 그렇지 않은 경우 조언은 잔소리로 평가절하됩니다. 조언을 하는 사람의 입장에서는 자신의 지혜를 총동원하여 말을 해줬는데 상대방이 듣지 않는다면 관계 속에 섭섭함이 자리 잡겠지요. 양측 모두에게 도움이 되지 않습니다. 친구나 연인 사이에도 이 원칙은 유효합니다. 해줄 말이 있어도 일단 참고 기다리세요. 필요하면 상대방이 도움을 요청할 겁니다. 답답한 마음에 먼저 말을 꺼내면 반감이 생겨서 더 안 들으려고 해요. 저도 잘 못 지켰던, 그래서 더 아프게 다가오는 원칙입니다. 상대방이 받아들일 준비가 되지 않은 상태에서는 조언과 충고는 하지 맙시다.

선,
경계 지키기

때때로 우리는 능력 밖의 일이나 관여해서는 안 될 일에 많은 시간과 에너지를 쏟는 경우가 있습니다. 상대방이 원하든 원하지 않든 간에요. 아마도 그런 행위를 통해 자신의 존재감을 내보이고, 상대방의 인정을 구하는 것 같아요. 만약 상대방이 원했다면 그것은 도움을 준 것이지만 그렇지 않다면 말 그대로 간섭이고 참견입니다. 내 맘대로 참견을 하고서는 상대방이 나의 노력을 알아주지 않는다고 혹은 기대한 만큼의 칭찬과 격려를 해주지 않는다고 속상해하고 화를 내기도 하지요. 오히려 도움을 주지 않았을 때보다 관계가 악화되겠지요. 이런 사람도 있습니다. 과거에 발생했던 어떤 근심거리가 다시 일어나지 않을까 걱정하여 골치를 썩는 바람에 불면증과 소화불량, 스트레스로 병을 얻는 경우요.

내가 감당해야 하는 것과 그렇지 않은 것, 내가 할 수 있는 것과 할 수 없는 것, 해야 할 것과 하지 말아야 할 것의 경계를 아는 것이 나의 몸과 마음의 건강을 지키는 현명한 처사입니다. 내가 어떻게 할 수도 없고 해서도 안 되는 경계선을 넘지 않아야 합니다. 선을 잘 지켜야 해요. 가끔 꼭 해야 하는 것은 외면하면서 하지 않아도 되거나 하면 안 되는 참견으로 주변의 근심 어린 시선을 받아본 적 있지 않나요?

거절하는 법

우리는 상대방의 제안이나 요청, 부탁을 쉽게 거절하지 못합니다. 친한 경우라면 더 어렵지요. 또 마음이 여리고 순한 사람은 거절하기를 더 어려워하고 상대방이 원하는 대로 수락합니다. 그런데 문제는 이때부터 시작됩니다. 자신의 능력이나 여건, 상황이 허락하지 않음에도 불구하고 표현을 하지 못하거나 불편한 관계가 되고 싶지 않아서, 좋고 착한 사람으로 남고 싶어서 거절을 하지 못한 경우라면 관계를 지속하는 내내 스트레스를 받겠지요.

속으로는 거절하고 싶은데 겉으로는 거절의 뜻을 분명하게 하지 못하는 경우 많이 보셨을 겁니다. 거절을 하면 관계가 나빠진다고 생각해서일까요? 어떻게 하는 게 현명한 걸까요? 답은 정해져 있습니다. 정중하게 거절하세요. 그래야 관계를 유지할 수 있고 오해나 갈등이 증폭되지 않습니다. 그렇지 않으면 당장은 어떻게 해본다 하더라도 그 사람이 다시 또 뭔가를 요청할까 봐 그 사람 자체를 멀리하게 되고 피하게 됩니다. 불편하거든요. 편한 사람을 만나고 싶지 불편하고 힘들게 하는 사람은 피하고 싶은 법이니까요. 물론 거절하는 이유는 충분히 설명하는 게 좋습니다.

정중한 거절과 그에 대한 설명으로 상대방은 배려받는다는 느낌을 받고 이후에도 거절당할 수 있다는 걸 염두에 두게 되고, 부탁할 때 이전보다 좀 더 신중을 기하게 됩니다. 나의 정중한 거절이 친구를 성장하게 할 수 있다면 이보다 더 좋을 수는 없겠지요.

의외로 거절을 못 하는 사람들을 많이 봅니다. 거절하지 못하고 남일 봐주느라 정작 자신의 일을 처리하지 못해 전전긍긍하는 경우도 많이 봤습니다. 이런 경우라면 나는 누구를 위해 사는지 스스로 따져 물어야 할 겁니다.

더불어 말씀드리고 싶은 것은, 어떤 사안에 반대 의견을 표명한다거나 요청을 거절하는 것은 '그 사람'에 대한 반대나 거절이 아니라 '그 사안' '그 일'에 대한 반대이고 거절입니다. 그런데 우리는 내 의견에 반대 의견을 내거나 부탁을 거절당할 때 나 자신이 거부된 것으로 이해하고 몹시 불쾌해하고 상처를 받습니다. 사람이 거절되는 것인지 일이 거절되는 것인지 분명히 알아야 합니다. 거절을 할 때도, 거절을 당할 때도요.

사과, 제대로 하는 법

실수를 인정하고 사과하는 일에는 큰 용기가 필요합니다. 잘못된 사과로 인해 사태가 악화되는 걸 많이 보고 경험하셨을 겁니다. 언론 보도나 세상 돌아가는 얘기들을 보면 잘못된 사과 방식으로 인해 논란이 거세져서 돌이킬 수 없는 결론에 도달할 때가 많습니다. 그런 상황을 보면 '왜 저렇게 대응을 했을까. 잘못을 직접 인정하고 사과하면 될 일을'이라는 생각을 하게 됩니다. 반대로 적절한 사과로 양측 모두가 행복한 결말에 이르기도 합니다. 어떤 분은 우리 사회가 아름다워지기 위해 꼭 필요한 말로 '미안합니다'를 꼽으셨더군요. 그만큼 우리가 이 말을 해야 할 때 안 하거나 혹은 말하기 힘들어한다는 의미일 수도 있겠습니다.

우리가 사과를 함에 있어 주저하거나 취약한 이유는 사과를 하면 약한 존재로 인식될까 봐 혹은 사과로 인해 더 큰 재앙이 올까 봐 두려워하기 때문입니다. 그러나 진심으로 하는 사과는 오히려 재앙을 막을 수 있습니다.

사과의 좋은 예로 자주 소개되는 한 미국 의사에 관한 일화를 통해 올바른 사과, 진정한 사과가 무엇인지 얘기를 나누고 싶습니다. 의료과실이 일어났고 의사는 환자와 가족을 상대로 "명백한 저의 잘못입니다. 정말 죄송합니다. 환자분께 큰 피해를 입혔습니다"라고 말합니다. 일반인들이 의사에게 부여한 권위, 의사 자신이 갖는 권위를 내려놓고, 자칫 큰 소송으로 번질 수 있는 이 일에 대해 의사는 인간 그 자체로 환자에게 다가선 것입니다. 그 순간 환자와 가족의 분노는 사라졌다고 합니다. 이어서 병원이 환자의 피해에 적절하게 보상했음은 물론입니다. 의사가 본인의 의료과실을 인정하지 않고 법적 분쟁에서 잘잘못을 가리는 상황으로 갔다면 피해 환자는 의료과실보다 더 큰 상처를 입게 되었을 것입니다. 숨기면 작은 것도 커지고 밝히면 큰 것도 작아질 수 있음을 깨닫게 됩니다.

저도 일하면서 사과를 해야 하는 순간이나 사과를 받아야 할 상황에 놓일 때가 많습니다. 직책이 높아질수록 더 그렇습니다. 제가 뒷일 생각지 않고 솔직하고 과감하게 사과하는 모습을 지켜본 동료들은 '미안하다, 내 생각이 짧았다' 같은 말은 스태프나 파트너에게 하지 말라는 조언을 종종 합니다. 그런데 의사소통의 문제였든, 조직의 구조적인 문제였든 간에 책임을 지는 위치에 있는 사람이 책임지는 발언을 하지 않으면 파트너들은 마음을 둘 곳이 없습니다. 미움과 불신이 자리를 잡게 됩니다. 다행인 점은 동료들의 우려와 달리 앞선 사례와 같이 솔직하고 용감하게 사과를 했을 때 오히려 이전보다 더 두터운 관계가 형성되고 걱정할만한 상황은 발생하지 않았습니다.

사과를 하는 방법은 어렵지 않습니다. 사과를 하겠다고 마음을 먹는 것이 어렵지요. 잘못을 인지한 순간 즉각적으로 (때론 시간이 필요한 사과도 있습니다만), 구체적으로(무엇을 잘못했는지), 조건을 달지 말고('…하다면 미안해'는 안 됩니다. '미안해, 하지만…'도 안 됩니다), 온 마음을 담아('미안해'라는 말을 하기란 어렵지 않지만 그 말로는 미안하다는 마음을 온전히 전하기가 어렵습니다. 상대방은 미안하다는 말보다 미안해하는 마음을 기다립니다), 다시는 그러지 않겠다는 재발 방지를 약속해야 합니다. 사과하는 내내 사과 후에 벌어질 일이 걱정된다면 아직 진정으로 사과할 마음이 없다는 것이니 준비가 되면 다시 사과를 하는 게 좋습니다.

잘못을 인정하고 사과하는 게 왜 어려울까요? 잘못을 인정하는 순간 비난을 받을 것이다, 책임질 일이 생길 것이다, 평판이 추락할 것이다, 심하게는 법적 분쟁이 생길 수도 있다는 두려움을 느끼기 때문일 겁니다. 운전 중 접촉사고가 났을 때 흔히 볼 수 있는 풍경입니다. 많은 이들이 일단 상대방의 과실로 넘기려고 우기고, 잘못했다 미안하다 소리를 절대 하지 않죠. 심하게는 뒤차가 정차 중인 앞차와 충돌하고서 오히려 뒤차 운전자가 뒷목을 잡고 차에서 내리는 경우도 있다고 합니다. 우리가 사과에 대해 얼마나 잘못 이해하고 있는지, 사과를 얼마나 못 하는지를 보여주는 장면입니다.

자신의 실수를 인정하고 뉘우치는 상대를 비난할 사람은 없을 것입니다. 제대로 한 사과는 평판과 관계 모두를 개선할 수 있습니다. 물론 내가 사과를 했음에도 불구하고 상대방의 마음에 닿지 못하여 원하는 화해를 얻지 못할 수도 있습니다. 상대방이 사과를 받아들일지 여부는 내가 관여할 수 없지만, 내가 어떻게 사과할지 여부는 내가 마음먹고 결정할 수 있으니 사과를 주저하지 마세요.

4부

치열하게,
솔직하게,
용감하게
살고 싶다면

누가 저에게 '당신을 설명할 세 단어를 말해보시오'라고 하면 저는 주저 없이 '치열하게, 솔직하게, 용감하게'라고 말할 겁니다. 지금껏 그렇게 살아왔고 앞으로도 그렇게 살려고 노력할 것입니다. 인생의 모토가 너무 건조하고 살벌한 거 아닌가 싶을 때도 있지만 그게 저인걸요. 물론 제가 인생의 모든 장면에서 이런 자세로 산다고 말하기는 조심스럽습니다. 다만 제가 관심을 갖고 잘하고 좋아하고 잘하고 싶어 하는 영역에서는 치열하게, 용감하게 임하려고 하고, 저 자신과 타인에게 그리고 제가 관여하는 일에는 솔직하려고 노력합니다. 앞으로도 이렇게 살 수 있다면 더 이상 바랄 게 없을 것 같습니다. 어릴 때부터 생각해온, 죽음을 맞이하는 순간까지 잃지 않았으면 하는 것이 있다면 바로 '열정'입니다. 그리고 그런 저와의 약속을 지금까지는 잘 지키고 있는 것 같습니다. 지금부터 제가 인생을 대하는 세 가지 키워드를 통해 구체적인 삶의 방식을 소개하려고 합니다. 공부를 잘하고 싶고, 일을 잘하고 싶고, 삶의 장면들을 정면으로 마주하며 씩씩하게 살고 싶은 분들과 나누고 싶은 이야기들입니다.

여러분도 자신을 설명할 몇 개의 단어를 떠올려보시고, 왜 그 단어가 떠올랐는지 생각해보세요. 그러면 내가 어떻게 살고 있고 어떻게 살고 싶은 사람인지 면면을 살필 수가 있습니다. 조금 더 강화하고 싶은 측면과 조금 누그러뜨리고 싶은 측면도 볼 수 있습니다.

공부의 첫 출발,

무엇을 아는지
무엇을 모르는지를 아는 것

　　　　간단히 말해 공부(일)를 잘하는 사람과 못하는 사람의 차이는 자신이 무엇을 알고 모르는지를 정확히 아느냐 모르느냐에 있습니다. 책을 꼼꼼하게 보며 공부를 하면 내가 아는 것과 모르는 것을 분간하게 되고, 모르는 것을 알기 위해 치열하게 공부를 하면 결국 알게 되므로 공부를 잘할 수 있게 되는 것이고요. 반대로 건성으로 공부하면 아는 것 같은 것과 모르는 것이 뒤섞여 문제가 조금만 비틀어져 나오면 낭패를 보게 됩니다.

이 이야기는 학교 시험공부에만 해당하는 것은 아닙니다. 인간관계, 사회생활, 일터에서도 내가 무엇을 알고 모르는지에 대해 분명하게 파악을 해야 알고 있는 것은 더 매진할 수가 있고 모르는 것은 주변의 자원을 동원하거나 도움을 청해 알게 되는 것이지요. 제대로 알지 못하는 것을 안다고 믿거나 모르는 걸 대충 아는 척 넘어가면 나 자신과 주변에 폐를 끼치게 돼요. 그리고 그런 경우가 잦아지면 자신의 신뢰도에 문제가 생길 수 있습니다.

누구나 처음엔 서툴고 잘 모릅니다. 모르는 것은 부끄러운 것이 아닙니다. 모르는 걸 아는 척하거나 그냥 넘어가려는 게으름이 부끄러운 것입니다. 그런데 많은 사람들이 모른다는 사실을 자신에게도, 남에게도 감추려 듭니다. 모르는 걸 모른다고 용감하게 털어놓아야 알게 됩니다.

공부를 열심히 하고 잘하는 사람들에게 왜 공부를 열심히 하느냐고 물으면 대부분 인생의 소중한 임무이기 때문이라고 말합니다. 잠자는 시간을 빼고는 집보다는 학교에서 지낸 시간이 더 많고, 이왕 학교에서 시간을 보낸다면 그 시간을 좀 더 내실 있게 채우자고 결심하니 공부를 잘하게 되었다는 것인데요. 나에게 주어진 시간을 나에게 주어진 소임을 다하는 것으로 채우는 것, 그것이 바로 자신의 인생에 대한 예의를 깍듯하게 갖추는 일일 겁니다.

무엇을 하기 전에
'알려고' 하라

지피지기면 백전백승이란 말이 있지요. 적을 알고 나를 알면 승리하게 되어있다는 말이에요. 우리가 무슨 일을 하든지, 누구를 만나든지 간에 상대의 정체를 파악하면 '어떻게 해야 하지?'라는 불안감과 두려움이 줄어듭니다. 시험공부나 과제를 할 때, 직장에서 보고서를 작성할 때도 마찬가지죠. 먼저 과제에 집중하고, 과제를 풀어내기 위한 자료조사를 충분히 하고, 내가 표현하고 싶은 방식을 치열하게 고민하세요. 많은 경우에 과제가 의미하는 바, 출제자의 의도를 파악하지 않고 평소 하던 방식대로 하다가 불만족스러운 결과를 얻게 된답니다.

문제와 마주하면 무엇을 '하려고' 하기 전에 무엇에 대해 먼저 '알아야' 합니다. 알려고 해야 합니다. 내가 하고자 하는 것이 무엇인지도 모른 채 성급하게 무언가를 하려고 하면, 당장은 그것이 해결된 것처럼 느껴지지만 그 문제는 조만간 또 나타나 나를 곤란하게 만들 수 있습니다. 무엇에 대해 많이 알수록 그 무엇이 가져오는 여러 문제들에 제대로 대응할 수 있습니다. 단편적이고 단선적인 앎은 지속가능하지 않습니다. 총체적이고 통합적으로 알려고 해야 합니다. 이런 방식으로 과제를 풀어나가는 훈련을 계속한다면, 소위 말해서 '똑똑한' 사람이 됩니다. 문제해결력이 뛰어난 사람이 됩니다. 생각하고 상상하는 데 시간 쓰는 걸 아깝다거나 쓸데없다고 생각하지 마세요. 결과의 성패는 상상하는 데 쓰는 시간이 좌우합니다.

남은 공부량을
체크하지 마라

시험공부 할 때를 떠올려보세요. 공부가 하기 싫어지면, 공부할 게 얼마나 남았는지를 자꾸 뒤적거리게 되죠. 여태 이만큼밖에 못 했어? 아직도 이만큼이나 남았어? 하는 마음에 압도되어 지레 겁을 먹고 공부하기가 더 싫어집니다. 시험 공부를 잘하는 방법이요? 남은 범위를 넘겨보지 않는 것입니다. 지금 보고 있는 그 페이지에 집중하면 어느 순간 마지막 페이지에 이르게 됩니다. 언제 끝나나 하는 마음으로 남은 페이지를 자꾸 넘겨보면 예상과 다르게 끝을 볼 수가 없습니다. 그런데 우리는 마주한 현실—하고 싶지 않은 마음—을 회피하고자 자꾸 애꿎은 남은 페이지들을 넘기며 시험 범위를 탓하면서 그 시간을 허비합니다. 오늘 지금 이 순간을 지나야 다음 순간이 온다는 사실을 잊지 마세요.

공부에도
근력이 필요하다

'운동을 열심히 하는 사람치고 성실하지 않은 사람이 없다'는 말이 있어요. 주변에 운동 좋아하는 친구들 보세요. 운동 루틴을 꼭 지키려고 하지요. 운동 시간뿐만 아니라 식이요법까지 철저하게 지키는 걸 봅니다. 하루하루 조금씩 늘어가는 근력을 눈으로 확인해가며 운동량을 조절하기도 하지요. 공부도 마찬가지랍니다. 내게 맞는 공부법, 공부 시간, 공부 스타일을 파악하는 게 중요합니다. 무엇보다 매일 꾸준히 하는 게 중요합니다. 특정한 단계에 이르렀다면 조금씩 시간을 늘려가면 더 좋지요. 일주일에 10분, 그다음 주엔 20분 이런 식으로 늘려가다 보면 상당한 정도로 버틸 수가 있게 됩니다.

운동뿐만 아니라 공부에도 근력이 필요하답니다. 일단 어느 정도의 근력이 만들어지면 회복탄력성이 있어 잠깐 흐름을 놓쳐도 제자리를 찾기가 쉽습니다. 하지만 근력이 채 형성되기도 전에 흐름을 놓친다면 처음부터 다시 시작해야 합니다. 공부는 엉덩이 힘으로 한다는 얘기가 바로 이런 의미입니다. 진득하게 오래 앉아있는 힘, 이게 보통 어려운 일이 아니거든요.

기우제 끝엔
항상 비가 온다

물은 100℃에서 끓습니다. 100℃에 이르기까지는 상당한 시간이 걸립니다. 그리고 드디어 끓는점에 도달하면 이 상태가 오래 유지됩니다. 공부를 하거나 어떤 일을 할 때 우리는 물이 끓기 전에 포기하는 경우가 있습니다. 물이 데워지는 중간에 왜 물이 끓지 않느냐며 조바심을 냅니다. 아직 열과 시간이 더 필요한데 말이죠. 수학 공부를 하다가 모르는 문제를 만났을 때 그 문제를 내 힘으로 풀어보겠다고 몇 시간, 며칠을 끙끙거린 경험이 있나요? 아니면 선생님 혹은 정답 해설지를 믿고 그냥 넘어갔나요? 비단 수학이 아니어도 어떤 영역에서든지 끝까지 해보는 경험, 즉 끓는점에 다다르는 경험은 매우 중요합니다. 끓는점에 도달하기까지의 과정, 노력, 도달했을 때의 성취감을 한 번이라도 경험하면 다른 분야로 전이시키는 건 얼마든지 가능합니다. 경지에 이르렀을 때의 자유로움은 자신감을 증폭시킵니다.

기우제 끝에는 항상 비가 옵니다. 기우제는 왜 항상 성공할까요? 왜냐하면 비가 올 때까지 기우제를 하기 때문입니다.

간절한가요? 그럼 될 때까지 하세요. 그럼 됩니다. 안 된다 그러면 5분 더 하세요. 그래도 안 된다 그러면 5분 더 하세요. 그래도 안 되면요? 5분 더요. 5분의 법칙은 언제나 유효합니다.

기회는
준비가 된 사람을
선호한다

'Chances favored the prepared mind.'
제가 좋아하는 격언입니다. 기회는 준비가 된 사람을 선호한다. 즉, 준비가 되어있어야 기회가 왔을 때 잡을 수 있다는 얘기일 텐데요. 그럼, 무엇을 준비해야 한다는 말일까요? 원하는 바를 이루기 위한 여정을 준비하라는 뜻일 겁니다. 꼭 이것이다 하는 것이면 더 좋겠지만 주변부의 것들에 대해 대비하고 있으면 기회를 잡기가 훨씬 수월하다는 뜻입니다. 영어 공인인증시험을 예로 들어볼게요. 많은 분들이 평소 영어 점수 정도는 확보해두는 게 좋다고 생각합니다. 그러나 이 핑계 저 핑계로 차일피일 미루는 중입니다. 어느 날 갑자기 해외연수 장학 안내 공지가 뜹니다. 적어도 기본이 되는 자격 조건은 갖추고 있어야 지원서라도 제출할 수 있을 텐데요. 결국 영어 시험 봐둘걸 하는 후회를 하지만 이미 기회는 남의 몫이 되었습니다. 이런 일들은 생각보다 비일비재합니다. 저도 이렇게 기회를 놓친 경험이 있습니다.

비단 영어 점수뿐 아니라 무언가를 하고 싶다, 무언가 되어야겠다고 생각한다면 일단 필요요건들을 하나씩 실천하면 좋습니다. 그 자격을 갖추었다고 당장 원하는 바를 얻을 수 있는 건 아니지만, 과정 중에 준비됨은 여러분의 능력과 역량이 됩니다. 처음에 목표한 길이 아닌 조금 우회하거나 다른 길을 선택하더라도 준비됨은 예외 없이 도움이 됩니다. 매일 바다에 그물을 쳐두는 어부가 빈손으로 집에 들어오는 일이 없듯이 말입니다. 생각했을 때 해두지 않으면 기회가 왔을 때 내 것으로 만들지 못합니다. 기회인지조차 모를 때도 많습니다.

기회는 수도 없이 우리 곁을 지나갑니다. 기회가 기회인지 알지 못하고, 기회인 줄 알지만 미처 준비되어있지 않다면 기회를 놓치게 되겠지요. 이런 이유로 기성세대들이 열심히 살라는 충고를 많이 하는 거랍니다. 어릴 때, 젊을 때 좀 더 해둘걸 하는 미련과 후회가 남기 때문에 젊은 세대는 시행착오를 거치지 않기를 바라는 마음에서 그런 이야기를 하는 것이지요.

무얼 하긴 해야겠는데, 무얼 할지 전혀 감이 안 올 수도 있어요. 계획도 잘 세워지지 않고 약간은 무기력한 상태일 때 더욱 그렇죠. 그럴 땐 그냥 손에 잡히는 대로 몸이 가는 대로 해보는 것도 한 가지 방법입니다. 구체적이지 않다면 보편적인 것들을 해보는 겁니다. 기본 역량 확보 차원에서요. 뭔가를 해야 무기력함도 빨리 극복할 수 있습니다.

해야 할 이유

vs

하지 않을 이유

어떤 공부, 일을 해야 할 때 열심히 하는 사람과 그렇지 못한 사람은 딱 표시가 납니다. 전자는 해야 할 이유에 집중하고, 후자는 못 하거나 하지 않을 이유에 집중하지요. 우리가 어떤 일을 미루고 싶을 때 떠올리는 바로 그 생각들 말입니다. 다른 일이 있어서, 시간이 없어서, 컨디션이 안 좋아서, 다른 과제를 해야 해서, 남들도 안 하는 것 같으니까 하는 생각 등등이요. 못 할 이유나 안 할 이유를 계속 쫓으면 어느 순간 그 과제는 내가 넘볼 수 없는 덩치 큰 괴물이 되어있습니다. 그 지경이 되면 뒤늦게 해보자고 마음을 먹는다 하더라도 '감히' 도전할 수 없는 상황이 되어버리는 경우가 많습니다. 해야 한다면 하기 싫은 이유가 꿈틀대도 과감히 외면해야 합니다. 그게 시작입니다.

반면, 해보자 할 때는 어떤 생각들을 떠올리게 되나요? 이 과제를 통해 모르던 분야를 알게 되고, 새로운 도전이고, 과제를 마칠 즈음이면 내가 할 수 있는 능력이 생기고, 해냈다는 성취감을 느낄 수 있고 등등 해야 할 이유는 차고 넘칩니다. 해야 할 이유와 하지 않을 이유는 결국 마음의 문제입니다.

내가 시간을 구성한다

누구에게나 하루 24시간이 주어집니다. 그런데 그 24시간을 활용하는 방법과 방식, 그리고 그 결과는 모두 다릅니다. 가끔 책이나 TV를 통해 마주하는, 시간을 120% 아니 그 이상으로 쓰는 사람들을 보면 어떤 생각이 드나요? 저도 열심히 산다고 자부하는 편인데 그 사람들은 정말 형언할 수 없을 정도로 꽉 차게 사는 것 같습니다. 나도 저렇게 살 수 있을까 싶은 반성도 하면서, 뭐 저렇게까지 숨이 차게 사나 싶은 생각이 드는 것도 사실입니다.

그 사람들의 얘기를 자세히 들어보면, 자신의 삶을 어떻게 꾸려나가고 싶은지가 분명해 보입니다. 어떤 사람이 되고 싶은지, 무엇을 하고 싶은지, 어떻게 살고 싶은지가 분명하다 보니 하루 24시간이 모자란 듯이 사는 것입니다. 또한 그렇게 살게 되기까지 상처나 결핍, 중요한 계기가 있었다는 이야기도 듣게 됩니다. 이쯤 되면 삶의 근원적 질문으로 돌아갑니다. 내가 어떤 사람이고, 어떻게 살고 싶고, 어떨 때 행복한지를 먼저 아는 것이 시간을 잘 쓰는 첫 번째 방법입니다.

시간을 이끌지 않으면
시간에 끌려간다

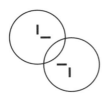

시간을 효율적으로 쓰기 위해 우리는 계획을 합니다. 계획을 한다는 건 단순히 일의 순서를 정하는 개념만은 아닙니다. 과정에서 일어날 수 있는 일들의 중요도와 우선순위까지 고려한다는 뜻입니다. 계획이 없으면 중요한 것과 덜 중요한 것, 급한 것과 그렇지 않은 것들을 뒤섞어서 하게 되거든요. 일단 해결하기 쉬운 것부터 접근하고 싶은 유혹을 느끼게 됩니다. 내가 뭔가를 하고 있다는 성취감을 느끼기 위해서고 내가 게으르지 않다고 느끼고 싶은 욕구의 발로이기도 해요. 이렇게 하면 진도가 많이 나간 것처럼 느껴지거든요. 마음 한구석에 미처 건드리지 못한, 남아있는 묵직하고도 중요한 과제를 당장은 피하고 싶은 마음도 있고요. 많은 가벼운 것들을 처리하고 나면 그때 가서는 홀가분한 마음으로 무거운 것을 처리할 수 있을 거라고 믿습니다. 그러나 묵직한 과제는 가벼운 과제에 비해서 고민하는 시간이 훨씬 더 많이 필요합니다. 자칫 시간 관리에 실패할 수 있습니다. 정작 중요한 이슈는 시간이 모자라서 건드리지도 못하고 불완전하게 마무리하게 됩니다.

시간이 허락하고 여유가 있을 때 피하고 싶은 과제, 어려운 과제에 먼저 도전하는 게 좋다고 봅니다. 어느 정도 가닥이 잡혔을 때 잠깐 가벼운 과제로 넘어갔다가 돌아오는 건 환기 차원에서 괜찮은 방법입니다. 그러나 피하고 싶은 마음에 끝까지 미루다가 중요한 과제를 시도한다면 불만족스러운 결과를 맞게 됩니다. 그때부터는 시간이 나의 주인이 됩니다.

나에게 주어진 시간의 주인은 바로 나입니다. 내가 시간을 이끌지 않으면 시간에 끌려다니며 허둥지둥하게 됩니다. 마감 시간에 임박하여 하기보다는 조금 미리 준비하면 좋고, 집중하면 시간을 아낄 수 있습니다. 물론 중간중간 자신에게 쉼을 허락하세요.

" " 작정하고 말해야 할 때는
" " 처음부터 끝까지
" " 말 연습을 해라

살다 보면 작심을 하고 말해야 할 때가 있습니다. 그럴 일이
자주 있어서는 안 되겠지만 피할 수 없는 노릇이죠. 저는 이
런 경우에 '안녕하세요'부터 끝마무리인 '감사합니다'까지
말 연습을 합니다. 혼자 운전할 때 말 연습을 하기 좋습니다.
내가 이렇게 말했을 때 상대방이 어떻게 반응할지를 예상하
고, 어떻게 말해야 내가 말하고자 하는 바가 정확하게 전달
이 될까, 또 상대방이 내 말을 오해하지 않고 들을 수 있을
까 생각하며 말하는 연습을 합니다. 더 적확한 단어를 선택
하고, 더 정확한 표현으로 수정해갑니다. 분명하고 온화하게
때로 단호하게 메시지를 전달하는 방법입니다. 그런 과정을
몇 번 거치는 동안 나 자신도 내가 말하려는 의도를 점검하
게 되고, 이렇게 함으로써 상대방의 입장도 더 잘 이해하게
되지요. 역지사지의 자세로 내 입장과 상대방 입장을 번갈
아 고려해볼 수 있는 좋은 방법입니다. 그러면 나의 메시지
를 분명하고 정확하게 전달할 수 있고 상대방은 나의 말을
잘 이해하게 됩니다. 당연히 대화는 잘 풀립니다. 중요하고
민감한 사안일수록 준비를 해야 합니다. 준비되지 않은 채
기분 내키는 대로 말하면 뜻은 전하지도 못한 채 불필요한
오해만 증폭시킬 수 있거든요.

죽음을 통해
삶을 보다

평소에 죽음을 우리 일상의 중요한 화두로 여기게 되지는 않는 것 같습니다. 가족이나 가까운 지인의 부고 소식을 접할 때가 되면 그제야 죽음이 삶과 떨어진 개념이 아니라는 사실을 새삼 깨닫게 됩니다. 죽음을 통해 삶을 돌아보고 성찰하게 됩니다.

잘 산다는 것과 잘 죽는다는 것은 무엇일까요? 죽을 때 어떤 모습이면 스스로 잘 살았다, 수고했다고 말해줄 수 있을까요? 사후에 어떤 사람으로 기억되기를 바라나요? 이런 주제를 한번씩 생각해보는 건 일상을 좀 더 귀하고 소중하게 여기는 데 도움이 될 겁니다. 죽음을 생각하면, 오늘 하루를, 이 순간을 어떻게 살아야 하겠다는 생각을 자연스레 떠올리게 되거든요. 죽음을 입에 올리는 것을 금기시하거나 무서워할 이유는 없다고 봐요. 삶의 이면이 죽음이니까요. 죽을

때 미련 없이, 후회 없이, 편안하게, 스스로를 애썼다고 위로
하며 눈을 감자는 마음가짐으로 산다면 죽음에 대한 막연한
불안이나 두려움도 떨칠 수 있다고 봐요. 그리고 내가 살아
야 할 이유를 더 열심히 찾게 될 거예요.

순간을 살아라

아이가 지독하게 방황하던 시기, 저도 많이 힘들었어요. 하지만 가장 큰 깨달음을 얻었지요. 제가 소위 어른으로서 조금 더 성숙한 사람이 되었다면 그건 바로 제 아이 덕분입니다. 어떤 고난이 있어도 나 자신을 살려내야 하는 이유, (그때는 엄마인 제가 잘 버텨야 자식을 지켜낼 수 있다고 생각했어요) 무엇보다 삶을 의미 있게 재정리하는 힘을 얻었으니까요. 모질게 힘든 일을 겪어낸 사람들이 삶을 대하는 자세와 태도는 그렇지 못한 사람에 비해 훨씬 견고합니다. 과거 어느 순간, 시간을 허비하거나 아깝게 흘려버렸다고 생각하는 사람일수록, 지금 이 순간을 알차게 쓰고 싶어 하는 것도 마찬가지입니다.

저는 몇 해 전부터 '어쩌면 나에게 내일이 허락되지 않을 수도 있겠다'는 생각을 마음에 품으며 살고 있습니다. '오늘이 마지막 날이라면 나는 어떻게 살아야 하는가?'라는 질문을 마음에 새기며 살고 있어요. 오늘 이 순간을 잘 살아내는 것, 순간을 산다는 마음으로 살면 그것으로 충분합니다. 감사하게도 우리에게 내일이 허락된다면, 내일은 내일 입장에서 오늘이니까 또 오늘의 순간을 잘 살아내면 되는 거예요. 이런 생각은 누군가를 만날 때도 똑같이 적용됩니다. 개인적인 차원의 만남이든 비즈니스 미팅이든 마찬가지입니다. 이 사람과 단둘이 이렇게 만날 기회가 다시 오지 않을 수 있기에 그 만남, 그 시간에 최선을 다합니다. 상대방의 말에 귀를 기울이고, 상대방에게 진정으로 관심을 가지며 상대방에게 다가가려고 노력하지요. 내 앞에 있는 사람에게 온전히 집중하면 상대방도 나에게 집중하게 됩니다. 이런 진실한 만남은 서로에게 '이 사람을 알았다'라는 진한 뿌듯함을 안겨줍니다. '만남의 순간'을 살아내면 '진짜 만남'이 이루어집니다.

오늘 '하루'를 인생의 전부라고 생각하는 것이 너무 극단적인 가정일까요? 오늘 하루, 한순간을 잘 지내면 오늘의 다른 순간도 잘 지낼 수 있고 내일도 잘 살 수 있습니다. 공간과 시간을 채우는 모든 순간이 우리의 소중한 인생입니다.

불편한 상황일수록
정면으로 마주하라

이런 사람들 꼭 있습니다. 직접 얼굴 보고 얘기해야 할 사안을 제3자를 통하거나, 애매한 이메일이나 문자메시지로 전달하는 사람들이요. 불편한 이야기일수록 그렇게 행동하는 사람들이 꽤 많더라고요. 잘 만나다가 갑자기 연락이 안 닿거나, 이별을 통보하는 문자 메시지 한 통으로 관계를 맺음하려는 경우도 있고요. 함께 일할 수 없다는 거절의 뜻을 표해야 하는데, 마치 거절이 아닌 듯한 애매한 메시지를 보내는 경우도 봤고요. 이런 경우 상대방의 기분은 더 나빠집니다. 다툼의 원인에 대해 침묵으로 일관하며 몇 날 며칠 신경전을 하는 경우도 있지요.

불편하고 말하기 거북한 일일수록 정면으로 마주해야 불필요한 오해나 신경전 그리고 후속으로 따라오는 심적 고통이 덜합니다. 그런데 우리는 불편한 일들을 회피하고픈 마음이 커서 아예 모른 척 외면하거나, 돌려돌려 말하거나, 아닌 척 말합니다. 이런 상황에서 침묵한다고요? 신뢰에 균열이 생길 겁니다. 상대방 마음의 상처는 더 깊어지고 관계는 되돌릴 수 없게 됩니다. 우회적으로 얘기할수록 상대방은 무시당한다고 생각할 가능성이 높거든요. 불편함의 이유와 과정에 대해 분명하고 정확하게 말하면 상대방도 자신의 입장을 허심탄회하게 얘기하게 되고, 오히려 대화 중에 불편함의 요소가 제거될 수도 있어요. 이런 과정을 통해 당장은 함께하지 못하더라도 다음을 기약할 수 있게 됩니다.

불편한 것을 직접 말하면 외상을 입고 외상은 시간이 지나면서 상처가 아물지만, 우회하거나 침묵하면 깊은 내상을 입게 되고 그 상처는 꽤 오랜 시간이 흘러도 치유되지 않는 경우가 많습니다. 우리가 불편한 상황을 마주하기 겁내는 이유는 외상을 입으면 바로 상처가 보이고 상대방이 피를 흘리는 걸 보게 되기 때문입니다. 그러나 내상은 눈에 보이지 않을 뿐 외상보다 훨씬 깊은 상처입니다.

좀 다르게 해석해보겠습니다. 우리가 '불편한 것들' '직면하기 어려운 것들'에 대해 말하는 순간부터 그것들은 힘을 잃기 시작합니다. 불편함을 외면하거나 회피하면 불편함은 더 큰 힘을 갖게 되는 거예요. 내가 그 불편함을 입 밖으로 꺼낸 용기와 솔직함이 숨기고 싶어 하는 수치스러운 마음을 이겼기 때문입니다. 도저히 풀릴 것 같지 않은 숙제를 만났을 때 가장 간단하면서도 강력한 해법은 정면으로 마주하는 '솔직함'입니다.

명확함이 친절한 것이다

사람에 대한 느낌 얘기를 하고 싶어요. 투명하고 깔끔하고 정직한 느낌을 주는 사람이 있는가 하면, 뭔가 있는데 그게 뭔지 모르겠는 사람이 있지요. 뭔가 숨기는 것 같기도 하고, 괜히 엮이면 안 될 것 같은 느낌을 주는 사람이 있어요. 이런 사람은 만날수록 더 미궁에 빠지는 느낌을 줍니다.

사소한 일이든 중요한 일이든 간에 내 의도를 분명하고 솔직하게 말해야 뒤탈이 생겨도 감내할 수 있습니다. 뭔가 있는 듯 없는 듯 의도를 정확히 밝히지 않고, 상대가 자의적으로 해석할 여지를 주고, 그 결과에 대해서는 '네 탓'이라고 하면 큰 문제가 되지요. 물론 그 역도 성립합니다. 상대가 뭔가 더 있는 듯하게 말하고 행동하면 그 의도와 기대를 분명하고 구체적으로 말해달라고 요청해야 합니다. 우리 주변을 보면 생각보다 불분명하게 흘러가는 게 참 많아요. 명확한 걸 따져 물으면 주변으로부터 까칠하다는 평가를 받기 일쑤인데, 우리는 과정에서의 까칠함이 투명한 커뮤니케이션을 가능하게 하고 순탄한 과정과 좋은 결과를 담보한다는 사실을 기억할 필요가 있습니다. 즉, 명확함이 친절한 방책인 것이죠.

은밀한 의도에 이어 은밀한 기대 또한 금물입니다. 살다 보면 알아서들 하겠지, 어떻게 되겠지 하는 마음을 갖기 쉬운데 내가 애쓰지 않고 내가 원하는 대로 '어떻게 되는' 일은, 적어도 제 경험으로는 없습니다.

감당할 수 있는 만큼만

할 수 있는 것과 해야 하는 것 사이에서 고민이 될 때가 많습니다. '해야 한다'에 극단적으로 집중하게 되면 정작 내가 할 수 있는 능력 밖으로 판을 벌여야 할 때가 많아요. 결국 지레 압박을 받고 포기하는 경우가 생기지요. 잘하고 싶은 마음 이해해요. 인정받고 싶은 마음도 인정해요. 그런데 감당할 수 있겠어요? 감당 못 할 정도로 일을 벌여놓으면 과정도 결과도 만족스럽지 못해요. 상황을 내가 주도하고 이끌어가야 일하는 재미도 있고 과정에 대한 만족도도 높을 텐데, 감당할 수 없는 지경이 되면 일과 상황에 치이고 압박을 받아서 과정의 즐거움을 전혀 느낄 수 없습니다. 어디까지 감당할 수 있는지의 문제는 내가 나를 얼마나 아느냐에 달려있겠지요.

생각하는 만큼,
믿는 만큼만 말하기

오래전 후배와 점심을 먹는 자리에서 있었던 일입니다. 이런저런 얘기 끝에 전공이 뭐냐고 물었지요. 그 후배가 "허접한 과 나왔어요" 하고 말하는 거예요. 허접한 과라…. 자신의 전공을 왜 허접하다고 말할까 궁금했어요. 다시 물었죠. "정말 자신의 전공 과를 허접하다고 생각해요?" 그랬더니 그 후배 얼굴이 붉어지더군요. 제가 다시 말했어요. ○○씨, 정말 그렇게 생각하는 게 아니라면 그렇게 말하지 말아요"라고요. 그 친구는 저의 질문에 대수롭지 않게 별생각 없이 대답을 했을 거예요. 혹은 대학 다니는 동안 전공이 맘에 들지 않았을 수도 있고요. 전공 공부를 하면서 재미도 없었겠지요. 하지만 본인이 4년간 전공과 함께한 시간들, 그 시간을 함께한 자신을 모두 '허접'하다고 말하는 것처럼 들리지 않나요?

정말 그렇게 생각하는 게 아니라면 그렇게 말하면 안 됩니다. 나의 모든 말은 내 자신이 듣고 있다는 것 꼭 기억하세요. 그러니 아무 말이나 하면 안 되고, 일부러 상처주려는 말을 해도 안 되고, 거친 말을 하면 안 되고, 거짓말을 하는 건 더더욱 안 됩니다. 중요한 일이라면 더욱 신중하게 말해야 하고요.

누군가 나의 가족에 대해 묻는다면, 누군가 나의 일에 대해 묻는다면, 누군가 나의 삶의 가치에 대해 묻는다면 여러분은 어떻게 대답할 건가요? 가볍게 넘길 수 있는 질문도 있지만 나에게 있어 중요한 질문이라고 하면 성의껏, 진심을 꾹꾹 눌러 담아서 말해야 합니다. 그래야 상대방도 나의 가족을, 나의 일을, 나의 삶의 가치를 존중합니다.

고민의 결과는
실천이다

이런 우스개 이야기가 있지요. 시험 성적이 낮은 아이에게 엄마가 왜 이렇게 성적이 나쁘냐고 물었더니 아이가 하는 말, "엄마, 내가 공부를 안 해서 그렇지, 했더라면 점수를 잘 받았을 거예요." 과연 그럴까요? 때때로 우리는 해야 할 일들을 뒤로 미룬 채, 내가 안 해서 그렇지 하기만 하면 엄청 잘할 거라고 자기 위로를 하곤 합니다. 오늘 하지 않으면서 내일은 할 거라는 보장을 할 수 있을까요? 해보기 전에는 내가 얼마나 해낼 수 있을지 정확히 알지 못합니다. 따라서 막연하게 할 수 있을 거라고 믿는 건 자신을 속이는 일입니다. 물론 '나는 할 수 있다'는 자신감과는 좀 다른 얘기입니다.

고민을 하는 것으로 무언가를 하고 있다고 위로하고 있지는 않은가요? 고민의 결과는 실천이어야 해요. 고민하지 않는 것보다 고민하는 건 훨씬 훌륭하지만, 고민만 하고 있는 건 일종의 현실 회피입니다. 하지 않으면 실패도 없는 거니까 혹시 모를 실패가 두려워서 고민만 하고 있는 것일 수도 있어요. '안 했기 때문에 못한 거다'라고 자기 위로를 하는 거죠. 실수나 실패가 두려운 이유는 나 자신을 책망하게 될지도 모른다는 생각 때문입니다. 실패나 실수는 가치 없는 것이 아니기에 뭔가 일이 잘못되었다고 자신을 너무 다그치지 마세요. 잘해보려고 하다가 그렇게 된 거니까요.

실수나 실패를 통해 배우는 것은 우리의 온몸과 마음으로 겪어내기 때문에 편안한 상태로 배운 것보다 훨씬 깊게 오래 남습니다. 일단 실천하세요. 실천을 하면 고민의 질과 수준이 달라집니다. 만일 몇 날 며칠째 같은 고민을 하고 있다면 당신이 움직이지 않고 실천하지 않고 있다는 증거입니다. 고민 가운데 한 가지를 행동으로 옮겨보세요.

주란의 법칙(Juran's Law),
숨기면
작은 일도 커진다

　　　　　주란의 법칙에 대해 들어본 적이 있나요? 제품이나 서비스의 품질 불량을 처음 발견한 순간에 즉시 고치면 1의 비용이 들지만, 이를 숨기거나 방치하면 10의 비용이 들고, 고객이 불량을 발견해 클레임을 걸면 100의 비용이 든다는 경험적 규칙을 말합니다. 작은 결함은 가능한 한 빨리 손보는 것이 가장 경제적임을 의미하는 법칙입니다. 우리는 경험적으로 이 법칙에 동의합니다.

아주 작은 사고가 있었다고 해보죠. 이 정도로는 별일 없을 거라고 사소하게 여기고 무시합니다. 실제로 아무 탈 없이 넘어갈 수도 있어요. 문제없이 넘어갔다고 해서 문제가 사라진 건 아닙니다. 한참을 잊고 있었는데 큰 문제가 터집니다. 그 원인을 조사하니 오래전 무심코 넘겼던 그때 그 사고로 인해 벌어진 일이라는 것이 판명 납니다. 공부도 마찬가지예요. 시작 단계에서 이해가 되지 않아요. 그냥 넘어갑니다. 진도가 나갈수록 점점 모르는 게 쌓입니다. 그러면 공부가 싫어지고 급기야 그 과목은 쳐다보기도 싫어져요. 그러니 초반에 잘 모르겠다 싶으면 꼭 알고 넘어가세요. 남들보다 진도가 조금 느리면 어떻습니까. 모르는 게 많은 상태로 진도를 나가면 모래 위에 집을 짓는 것과 같아요. 모르는 게 있을 때 그때그때 해결하면 10~20분이면 될 것을 나중에 하려면 일주일, 한 달이 걸릴 수도 있어요. 진짜 그렇습니다.

여러분은 어떤 선택을 하시겠습니까? 실수나 결함을 발견하면 우선은 겁이 나고, 숨기고 싶은 마음이 듭니다. 그럴 수 있어요. 아닌 척하고 싶고요. 그런데 외면하지 말고 실수를 인정하고 결함을 노출시켜야 합니다. 큰 용기가 필요해요. 실수를 인정하는 순간 여러분이 숨을 쉬고 살아날 겁니다.

자기반성

대개 사람들은 남의 잘못은 비난하고 질책하면서 자신의 잘못은 금방 잊거나 너그럽게 대합니다. 타인의 잘못은 너그럽게 이해해주면 좋고, 관대하게 넘어가서는 안 되는 것은 바로 자신의 잘못입니다. 우리는 누구나 잘못을 할 수 있습니다. 몰라서 그랬을 수도 있고, 순간 판단력이 흐려져서 그랬을 수도 있습니다. 반성은 후회와 한탄을 하라는 뜻이 아닙니다. 같은 잘못을 반복하지 않기 위해 필요한 과정입니다. 잘못을 반성하면 반성을 하지 않았을 때보다 조금 더 나은 사람이 됩니다.

매번 같은 실수나 잘못을 하는데도 전혀 행동 개선이 안 되는 경우를 주변에서 많이 봅니다. 자신의 삶을 성찰하지 않으니 삶의 과정에서 교훈을 얻지 못하는 경우인데요. 이런 사람들의 공통점은 자신이 무엇을 잘못했는지에 대해서 매우 무감각합니다. 무엇이 잘못된 것인지를 알지 못할 때도 있습니다. 모두가 아는데 본인만 모르는 상황도 많이 발생합니다. 더 심한 경우 일이 잘못되면 자신의 잘못은 없고 환경이나 주변 탓을 하지요. 그렇기 때문에 이런 상황이 지속되면 주변인들과 관계에서도 문제가 발생하곤 합니다. 평판도 나빠지고요.

아무리 작은 계획이나 활동도 끝나고 나면 끝났다 하고 내팽개치지 말고 나만의 평가회, 품평회를 가지는 것이 좋습니다. 어떤 점이 좋았고 그렇지 못했는지를 생각해보면 다음 계획과 활동은 한층 성숙한 모습으로 준비할 수 있습니다. 그 안에서 내가 무엇을 느끼고 배웠는지 솔직하게 점검하면 그 행위 자체로 성장할 겁니다.

나의 행복이
다른 사람의 결정에
좌우되는 순간

————————————————— 불행은 시작된다

나와 관련된 중요한 결정에는 반드시 내 의사를 반영시켜야 합니다. 결정을 내리기 어렵다는 이유로 내 문제를 타인이 결정하게 두어서는 안 되지요. 나의 선택을 묻는 질문에 '아무거나요'나 '다 좋아요' '글쎄요. 결정에 따를게요'라는 식은 좀 곤란해요. 짜장면, 짬뽕을 고르는 문제가 아니잖아요. 중요하다고 생각하는 문제일수록 적극적으로 내 의사를 표현하고 반영해야 해요. 과정에 후회가 없어야 결과를 받아들일 수 있답니다. 과정에서 한발 물러서 있으면 결과에 대해 남 탓을 하게 되고 결국 나는 나 자신에게 못난 모습을 보이게 되죠.

그러나 때때로 우리는 어려운 결정일수록 피하고 싶어 합니다. 부모나 상사가 결정해주기를 은연중에 기대하기도 하고요. 어떻게 되겠지 하는 막연한 기대를 품기도 하고요. 내가 나의 행복과 결정을 주관하지 않으면, 타인에 의해 선택된 삶을 살게 되고 온전한 행복에 이르기가 어렵습니다. 내가 내 삶의 주인이어야 하는 이유입니다.

뒷담화보다는 앞담화

두세 사람만 모여도 그 자리에 없는 사람을 비난하거나 험담하는 모습을 자주 목격하게 됩니다. 우리 자신이 적극적으로 가담할 때도 있고요. '우리끼리 얘기지만'이라는 암묵적 동의를 전제로 나눈 이야기지만 희한하게도 당사자는 오고 간 대화 내용 거의 전부를 알고 있는 경우가 흔합니다. 뒷담화, 할 수 있지요. 할 수 있다고 봐요. 다만 뒷담화의 수위는 당사자 앞에서도 똑같이 말할 수 있는 정도여야 합니다. 저는 이것을 '앞담화'라고 부르는데요. 앞담화는 어렵습니다. 마주한 사람에게 대놓고 잘잘못을 따져 묻는 게 쉬운 일은 아니니까요. 하지만 앞담화는 결국 당사자에게 직접 말함으로써 뒷담화의 부작용을 일거에 제거할 수 있지요. 대단한 용기가 필요하고 그에 앞서 두 사람 간의 신뢰도 담보되어야 하지요. 그럼에도 뒷담화보다는 앞담화가 불필요한 신경전, 관계의 불편함, 눈치 보기 등을 훨씬 줄여줍니다. 앞담화를 할 자신이 없으면 뒷담화는 절대로 하지 말자는 취지에서 드리는 말씀입니다.

부정적 피드백은
감사히 수용하라

우리 사회는 할 말은 하는 사람을 탐탁지 않게 여기는 경향이 있는 것 같아요. 정직하고 생산적인 피드백에 대해서는 까칠하고, 냉정하고, 잘난 척한다는 뒷담화가 따르기도 하지요. 듣기 싫은 소리에 기분이 좋을 사람은 없을 것입니다. 그러나 나 자신도 이건 좀 아닌데 하는 것에도 온통 긍정의 피드백만 있다면 여러분은 상대방을 신뢰할 수 있겠습니까?

우리 중 많은 이들이 상대방에 대해 그리고 상대방의 일에 대해 부정적인 피드백 하기를 주저합니다. 나의 부정적 피드백으로 관계가 어긋나지 않을까 두려운 마음도 있고, 한편으로는 나의 부정적 피드백이 이후에 나에 대한 부정적 피드백으로 돌아올까 염려하기 때문입니다. 그런데 생각해보세요. 귀한 시간에 무언가 좋은 결과를 도출하기 위해 모인 자리에서 내가 이 말을 하면 저 사람이 기분 나빠할 텐데…라는 생각으로 '하나마나 한 말'이나 '좋은 게 좋은 거다'라는 식으로 말한다면 내 소임을 다한 것일까요? 그냥 넘어가도 괜찮을까요? 공식적이고 정직하게 말해야 할 자리에서 투명하고 솔직한 대화가 오고 가지 않는다면 그것은 방어적이면서도 공격적인 뒷담화와 험담을 부르게 되지요. 이런 방식은 나와 주변 누구에게도 도움이 되지 않을 겁니다.

만약 누군가가 나와 나의 일에 대해 부정적인 피드백을 한다면, 일단 그 사람의 솔직함과 용기 그리고 부정적 피드백을 하기까지 쏟았을 정성과 시간 그리고 말을 할까 말까 고민했던 감정적 소모까지를 고려하여 감사하게 생각해야 합니다. 긍정적인 피드백은 별다른 준비가 없어도 가능하지만 부정적 피드백은 왜 그런 의견을 갖게 되었는지를 설명할 필요가 있는 법이거든요. 좋지 않다고 얘기하면서 왜 그런지를 설명하지 않는 경우는 거의 없으니까요. 그러니 부정적 피드백은 감사한 마음으로 받아들여야 합니다.

내가 어떤 말을 하기까지는 그 말을 하기까지의 과정(그 말을 해야 하는 이유에 대한 깊은 고민과 탐구)과 결과까지를 내 책임하에 둔다는 뜻이므로 말하기로 결심했다면 주저하지 마세요. 특히 공식적인 자리에서 말을 해야 할 때는 예의를 갖추되, 말의 내용에 있어서는 정직하고 단호해야 합니다. 말을 할 때는 말과 더불어 그 사람이 그 말을 하기까지의 전 과정이 에너지로 뿜어져 나오기 때문에 상대방도 그 말에 집중하게 돼요. 여러분의 생각을 거침없이 얘기할 수 있기를 바랍니다. 단 예의 바르고 정중하게.

중요한 일은
'어려운 결정'에 따른다

인생에 있어 중요하고도 의미 있는 결정을 해야 할 때 '어려운 결정'을 하라고 권하고 싶습니다. 어려운 결정이라 함은, 과정과 결과에 있어 나타날 수 있는 여러 다양한 시나리오들을 가능한 한 모두 검토하는 과정을 포함합니다. 가장 안 좋은 상황까지를 염두에 두고 그럼에도 불구하고 그렇게 결정하는 것이 옳다고 생각할 때 하는 결정입니다. 즉각적이고, 눈에 보이고, 쉬워 보이는 결정은 당장은 문제가 해결된 듯 보이지만 깊게 점검하지 못한 탓에 후에 그에 따른 대가를 치르게 되기 마련이죠. 나의 모든 지력과 감각을 동원하여 일어날 수 있는 일들을 점검하는 것, 그 과정을 통해 결정에 다다르는 것이 어려운 결정입니다. 그러나 현실에서는 쉬운 결정을 하려는 사람들이 더 많고 쉬운 결정들이 난무합니다. 오죽하면 '돈으로 해결하는 게 제일 쉽다'는 말이 있을까요. 이 말은 이런저런 고민하지 않고 돈으로 끝내는 게 가장 간단하다는 뜻입니다. 비유적인 표현이지만 그만큼 고민하고 애쓰고 노력하는 것이 얼마나 힘든 일인지를 반증하는 표현일 것입니다. 어려운 결정은 말 그대로 어렵습니다. 우선은 나 자신이 어려운 길을 가겠다는 결심이 서야 하고, 주변을 불편하게 함으로써 동반될 수 있는 어색함과 난감함을 감수하겠다는 결심이 서야 하고, 어려운 결정의 결과까지 내 책임하에 둔다는 뜻입니다. 여러 고민 끝에 어려운 결정을 했는데 그 결과가 만족스럽지 않을 수도 있으니까요. 정답은 없습니다. 다만 어려운 결정을 함으로써 과정에서 불편함을 겪는 것이 쉬운 결정을 하여 되돌릴 수 없는 결과를 낳는 것보다 훨씬 유익하다는 판단에서 말씀드려요.

단호하면서 동시에
인간다운 결정

여유 시간이 생기면 미국 드라마를 즐겨봅니다. 평소 관심 있는 분야인 법정 드라마, 정치 드라마와 의학 드라마 시리즈를 주로 보는데요. 처음에는 구성과 주제가 재미있어서 보았는데 볼수록 배울 점이 참 많더군요. 특히 리더의 모습과 다양한 형태의, 그러나 한 가지로 수렴되는 리더십이 눈에 들어옵니다. 그것은 전문적이고, 단호하면서 무엇보다 사람이 중심이 되는 인간적인 결정을 하는 리더의 모습이고 리더십이었어요. 일에 있어서는 스태프들에 비해 훨씬 더 많은 것을 알고 있고, 스태프들이 어려워하는 문제를 도와 사회를 위해 옳은 결정을 하도록 방향을 안내해주며, 스태프들이 길을 잃고 헤맬 때는 그들의 눈이 되어주고, 때로는 매서운 단호함으로 상황을 정리합니다. 그중 가장 눈에 들어온 것은 함께하는 사람을 귀하게 여기고 존중한다는 점이었어요. 단호하면서도 인간다운 결정을 하는 모습이 참 인상적이었습니다. 일터에서의 제 모습을 되돌아보는 계기가 되었지요. 물론 드라마니까 현실에도 그런 리더가 존재할까 싶지만 아주 불가능한 것도 아니라고 봐요.

올바른 선택

인생의 장면 장면은 늘 선택의 순간입니다. 좋은 선택이란 무엇일까요? '올바른 선택'입니다. 편하고 쉬운 것보다는 용기 있고 씩씩한 선택을 하는 것이 옳고, 성급한 선택보다는 충분한 조사를 통해 성실한 선택을 하는 것이 옳습니다. 주변과 타협하는 선택이 아닌 내가 옳다고 믿고 내리는 선택이 올바른 선택입니다. 물론 내가 옳다고 믿는 것은 인류의 보편적 가치에 준하여야겠지요. 옳은, 올바른 일을 하기는 쉽지 않아요. 옳은 일, 올바른 결정을 위해 우리는 때로 중요한 것을 포기해야 할 수도 있습니다. 올바르게 산다는 건 생각보다 훨씬 어려운 문제이며 고난의 여정이기도 하지만 올바르게 살면 그렇지 못한 삶이 주지 못하는 충만함을 느끼게 되고, 무엇보다 올바른 선택을 하는 나 자신을 사랑하고 존중하게 됩니다.

준비가 되었다면
위험을 감수하라

오래전 애니메이션에 관한 다큐멘터리(EBS다큐프라임-인간과 애니메이션)를 제작할 때 일입니다. 디즈니 픽사에 섭외 연락을 취한 뒤 이어서 드림웍스에 연락을 해야 하는 상황입니다. 다큐멘터리 기획서에는 디즈니의 비중이 훨씬 컸습니다. 드림웍스에 기획서를 보내려는 찰나, 문득 '드림웍스가 디즈니에 비해 상대적으로 비중이 적은 걸 문제 삼지는 않을까?' 걱정이 되는 거예요. 순간 드림웍스 비중이 더 많은 것처럼 기획서를 수정하여 보낼까 하는 유혹이 생기더군요. 하지만 그건 사실이 아니니까 원래 기획안을 그대로 보냈어요. 아니나 다를까 드림웍스 측에서 디즈니와의 비중 문제를 걸고 거절을 하더군요. 계획에 큰 차질이 생긴 거예요. 그래서 드림웍스와 어떻게 얘기를 풀어갈지 여러 시간을 고민했습니다. 저는 드림웍스가, 드림웍스의 작품들이, 그리고 드림웍스 아티스트들이 왜 다큐멘터리에 참여를 해야 하는지 설명하기로 했습니다. "기획안을 드림웍스 중심으로 써서 보낼까 고민도 했다. 그러나 애니메이션의 역사와 현재를 논함에 있어 책임자인 내가 만약 디즈니가 아닌 드림웍스의 비중을 가장 많게 써서 기획안을 보냈다면 나라는 사람을 믿었겠나. 당시 대한민국에서 가장 사랑받은 해외 애니메이션 작품 중 상당수가 드림웍스의 작품이니 드림웍스는 어떤 철학으로, 어떤 방법으로, 창작자들이 어떤 생각으로 작품을 만드는지, 즉 드림웍스 애니메이션의 세계관에 대해 대한민국 관객들에게 설명할 책임과 의무가 있다"라고 메일을 보냈지요. 위험한 주사위를 던진 셈이죠. PD로서 할 말을 씩씩하게 다 했지만 거절을 당할까 정말 두려웠어요. 그런데 결과는요? 처음 답변과 다르게 흔쾌히 촬영에 응하겠다는 답이 왔어요. 정직이 최상의 방책이라는 말을 실감했죠. 순간을 모면하려고 에둘러 피하거나 거짓말을 했다면 정말 거절당했을 거예요. 끝까지 정직하고 단호했던 저 자신을 스스로 믿었다는 게 참으로 다행스러웠습니다.

여기서 하고 싶은 말은요, 정말 준비가 되었다고 스스로 확신할 때 상대방을 설득할 수 있고 압도할 수 있다는 거예요. 어설프게 준비하거나 타협하려고 하면 내가 바라는 바를 얻을 수 없어요. 다큐멘터리를 만들기 위해서 수 개월간 공부하고, 작품을 분석하고, 각 애니메이션 제작사에 대해 연구한 시간들이 저를 단단하게 만들어주었기에 드림웍스 관계자들을 설득할 수 있었던 거예요. 촬영 중에 드림웍스 관계자들이 "그렇게 당차고 위험천만한 이메일은 처음 받아봤다"고 하더군요. 저의 무모함을 존중해준 드림웍스의 결정은 감동 그 자체였습니다. 준비가 되었나요? 그럼 위험을 감수할 수 있습니다.

대물림을

경계하라

TV 건강 프로그램을 보니, 한 사람의 건강 상태는 적어도 6
대에 걸쳐 대물림된다고 합니다. 내가 1세대라고 했을 때 자
식 세대로, 자식의 자식 세대로, 자식의 자식의 자식 세대로
이렇게 6대에 걸쳐 대물림이 된다는 겁니다. 물론 세대가 넘
어갈수록 건강 요인의 대물림 비율은 낮아지겠지만 꽤나 겁
이 나는 사실입니다. 우리가 건강한 몸을 유지하는 것은 비
단 현재 나의 건강한 삶을 위해서뿐만 아니라 누구인지도
모를 후세대의 건강에 일정 정도 영향을 미친다는 거니까요.

신체적 건강이 이렇다 할 때, 하물며 정신적 건강은 또 어떨
까요? 삶의 방식은 어떨까요? 만약 현재 내 삶의 방식, 가치
지향 등에 문제가 있다고 생각한다면 내 세대에서 나쁜 점
을 단절해야 합니다. 아마도 뼈를 깎는 고통이 동반될 텐데
요. 만약 그렇지 않으면 나의 다음 세대 그다음 세대에 연이
어 삶의 고통이 더해질 겁니다. 그래서 우리의 몸과 마음을
건강하고 건전하게 유지해야 합니다. 만약 자신이 가진 조
건들에 불만이 있다면 자신의 노력으로, 지금, 가능한 한 개
선된 상태를 만드는 것이 중요합니다.

나 자신을 마주함에는 엄청난 용기가 필요하고 특히 무엇을 버릴지를 결정하기 위해서는 칼로 베어내는 단호함이 필요합니다. 이미 나의 일부가 되거나 혹은 전부가 되어버린 나를 구성하는 퍼즐들을 나에게서 떼어낼 땐 큰 고통이 따를 것입니다. 우리에게는 익숙함과의 단절, 단절 후 마주할 상실감과 후회, 혹시 모를 부작용에 대한 두려움에 맞설 용기가 필요합니다.

이번 생과
다음 생을 위하여

저는 종교 생활을 하지 않습니다. 그러나 지금의 나는 과거의 모습과 행적이 오랫동안 축적된 결과물이 아닐까 하는 생각은 합니다. 그동안 읽었던 소설이나 종교 서적 등을 통해서 저 나름대로 생각해본 것입니다. 자연스레 가족이라는 이름으로 이어진 인연들에 대해서도 생각을 많이 합니다. 이런 질문도 종종 던지지요. 부모님과 나는 어떤 인연으로 맺어졌을까? 남편과 나는 어떤 인연으로 만나졌을까? 나와 내 아이는 어떤 인연이었을까? 비단 부모자식의 인연이 아니더라도 지금 인연이 닿은 지인들과는 모종의 만나진 이유가 있을 겁니다.

만약 현재의 내 모습과 상황 그리고 관계와 인연에 만족하지 않는다면 이번 생에서 불만족의 고리를 가능한 한 끊어야 한다고 생각합니다. 이번 생에서 나에게 주어진 임무를

완수하지 못하면 다음 생으로 과제가 넘어가니까요. 또 빚이 남습니다. 내가 짊어져야 하는 삶의 무게를 누군가에게 떠넘기게 되는 꼴입니다. '카르마'라는 말 들어보셨지요. 불교에서 중생이 몸과 입과 뜻으로 짓는 선악의 소행을 말하며, 혹은 전생의 소행으로 인해 현세에 받는 응보(應報)를 말합니다. 다음 생에는 현세가 전생이 되므로 현재를 잘 살아내야 하겠습니다. 이제껏 잘 못 살았다는 생각이 들면 이제부터라도 잘 살면 됩니다.

5부

오늘보다
나은
'내일의 나'가
되는 법

오늘 하루는 내 인생의 소중한 한 페이지입니다. 그러므로 오늘 한 페이지를 빈 페이지나 낙서로 혹은 구겨진 페이지로 남겨놓을 수 없을 것 같습니다. 페이지 한 장 한 장을 예쁜 글과 그림으로 채우다 보면 언젠가는 아름답게 완성된 내 인생의 책을 한 권씩 갖게 될 겁니다.

시대를 관통하여 괜찮은 사람이 되는 비결, 인생을 잘 꾸려나가는 비결은 한결같습니다. 더불어 삶이 우리에게 전하는 메시지에는 공통분모가 있는 것 같습니다. 인생을 잘 살아내기 위한 문법을 이해하고, 그것을 내 삶으로 들여와 온전하게 내 것으로 만든다면 그것이 바로 잘 사는 길입니다. 나 자신을 긍정하고, 타인을 배려하며, 세상의 이치를 잘 이해하고, 정직하고 솔직하게, 원하는 바를 소망하며 이루기 위해 노력하고, 겸손하게, 온 마음을 다해 정성껏, 늘 배움을 실천하는 것들이 바로 그것입니다. 이 문법들은 10년 후에도 20년 후에도 오래도록 우리를 지켜주고 또 우리가 그렇게 살도록 안내해줄 겁니다.

하루하루의 삶을 통해 얻게 되는 메시지들을 통해 우리는 때로 위로를 받고 때로는 깨달음을 얻고, 반성하게 되고, 건강한 자극을 받기도 합니다. 그것들을 잘 깨쳐 이해하며 오늘을 살아내고, 내일은 오늘보다는 조금 더 나은 모습이 되고자 소망하며 분발한다면 조금 더 살맛나는 하루를 살게 될 겁니다. 매일 성장하는 나를 발견하는 기쁨은 그 어떤 기쁨과도 비교할 수 없을 겁니다. 진정으로 나 자신을 신뢰하고 인정하게 되니까요.

지금껏 그래왔듯이 앞으로도 저 자신에게, 그리고 제 삶과 인생에게 '괜찮은' 사람이 되고 싶습니다. 저를 지켜봐준 삶을 실망시키지 않기 위해, 그리고 무엇보다 저 자신을 실망시키지 않기 위해서요. 여러분도 여러분이 놓인 상황에서 소중한 하루, 인생의 소중한 한 페이지를 멋지게 장식한다고 생각하고 살아보세요. 삶을 대하는 마음가짐이 조금은 달라질 겁니다.

인생 에너지 보존의 법칙

지구상 어느 누구의 인생도 좋기만 한 인생은 없고, 나쁘기만 한 인생도 없을 겁니다. 한때는 플러스 곡선을 그리다가 또 인생의 어느 지점에서는 마이너스 곡선을 그리죠. 어린 시절의 방황은 그 시간이 지나면 곧 깨달음의 과정을 통해 성인이 되는 길목에서 안착할 수 있게 도와주고, 그 반대의 경우라면 또 인생의 어느 시점에선 힘든 시기를 겪을 가능성이 있습니다. 언사가 좀 거칠게 들리지만 '지랄총량의 법칙'이라는 말로 여러분을 위로하고 싶네요. 인생을 살면서 마이너스 요인이 될 에너지는 총량이 있어서 지금껏 운이 안 따랐고, 바닥을 쳤다면 곧 상승기류를 탈 수 있습니다. 지금껏 노력하는 것만큼 얻지 못해 불만인가요? 죽어라 노력하는데 아직 원하는 걸 얻지 못했나요? 나만 일이 잘 안 풀린다고 생각하나요? 운이 없다고 생각하나요? 지금껏 힘들었다면 이제 얼마 안 있으면 플러스로 전환이 될 겁니다. 다만 지치지 않고 버텨야 합니다. 이제껏 안 된 일이니 앞으로도 안 될 거라고 지레 포기하면 기회가 왔을 때 잡을 수가 없습니다. 역으로 늘 승승장구했다면 잠시 호흡을 가다듬고,

자신을 점검하고 조금은 겸손하게 주변의 에너지를 관리할 필요가 있습니다. 나와 내 주변의 상황이 술술 잘 풀렸다면, 어디엔가 존재하는 타인과 그 주변의 플러스 에너지에 빚진 것입니다. 빚진 마음을 안고 겸손한 마음으로 에너지 관리를 잘해야 합니다. 누군가의 행운이 나에게 깃들었다는 마음으로 나에게 주어진 운과 에너지를 더 나은 방향으로 써야 합니다. 플러스 마이너스 제로는 우주의 법칙인 것 같습니다.

평범함의 위대함

'평범하다'의 사전적 의미는 '뛰어나거나 색다름이 없이 보통이다'입니다. 과거 어느 때인가 평범함을 거부한다는 광고 문구가 있을 정도로 평범함은 특별함과 비교해 평가절하되었습니다. 평범하다는 것이 대수롭지 않다거나, 지루하다거나 또는 별 볼 일 없음을 상징하는 말처럼 느껴지기도 합니다. 그러다 보니 평범함에 대해 거부감을 갖는 경향이 있습니다. 그런데 평범하기는 쉬운가요? 그렇지 않습니다. 평범함은 햇빛, 공기, 물과 같이 일상을 유지해주는 큰 힘입니다. 나이가 들수록 평범함, 보통을 유지하는 것이 얼마나 어려운지 알게 되지요. 평범함을 감사하게 여기되 뛰어나거나 색다름에 도전해보면 더 이상 바랄 것이 없는 삶이 될 겁니다. 평범함을 결코 무시해서는 안 됩니다.

이런 얘기를 덧붙이고 싶네요. 우리가 창의성에 대해 크게 오해하고 있는 점이 있는데요. 어느 날 갑자기 하늘에서 뚝 떨어지는 것이 창의성이 아니고요. 평소에 배우고 익히고 그 안에서 이것과 저것을 합한다면? 이것에서 저것을 뺀다면? 관련성이 전혀 없어 보이는 것들의 융합을 도모한다면?

하는 식으로 지식과 정보들 간의 연결을 통해 창의적 아이디어가 떠오르는 것입니다. 평범함을 유지하는 동안 특별함도, 창의적 아이디어도 나옵니다.

당연한 것이

당연한 것이 아니다

햇빛과 물과 공기는 별도로 요청하지 않아도 우리에게 자연스레 주어진 것들입니다. 별다른 노력을 하지 않았는데도 늘 존재해왔던 것들이 있습니다. 그 사람은 당연히 내 옆에 있어왔고, 어떤 것은 당연히 내 것이라는 것을 의심할 여지가 없습니다. 그러나 한번 생각해보세요. 지금껏 나에게 당연하게 주어졌던 것들이 과연 당연한 것들인지요? 대부분의 사람들에게 숨을 쉬는 건 당연하지만, 어떤 환자에게 숨쉬기는 당연하지 않을지도 모릅니다. 누군가에게 부모는 당연히 항상 옆에 있는 존재이지만, 누군가에게 부모는 당연한 존재가 아닐 수 있습니다. 배불리 먹는 것을 당연한 것처럼 여기지만 어디에선가는 굶주림으로 고통을 받는 사람들이 존재하고요. 학교를 다니는 게 당연하지 않은 사람도 있고요. 따뜻하게 나를 맞아줄 공간이 허락되지 않은 사람도 많습니다.

죽음을 앞둔 환자들을 살피는 한 의사는 '살아있다는 것이 당연하지 않다'고 느낀다고 합니다. 환자들을 볼 때마다 '당연한 것이 당연하지 않을 수 있다'는 걸 뼈저리게 느낀다고 하시더군요. 주어진 것에 감사하고, 누리고 사는 것에 대해 감사하고, 존재하는 것들이 사라질 수 있다는 걸 생각한다면 '당연하지 않을 수 있다'는 깨달음이야말로 가장 중요한 깨달음이 아닐까 싶습니다. 나에게 허락된 오늘이라는 시간이 누군가에게는 주어지지 않을 수도 있다고 생각하면 그 몫까지 매일매일 겸손하게 살아야겠다고 마음먹게 됩니다.

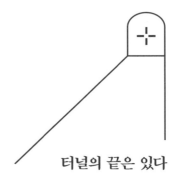

터널의 끝은 있다

많이 힘들고 괴로울 때 던지게 되는 질문이 있습니다. '이 고통의 터널이 끝이 날까요?' 끝이 납니다. 어두운 터널을 달리다 보면 반드시 터널의 끝이 나오는 이치와 같습니다. 어둡다고, 두렵다고, 안 보인다고 터널 속에서 멈춰버린다면 끝을 맞이할 수 없습니다. '이 시간도 다 지나가리라'라는 말이 참으로 위로가 될 때가 많습니다. 나만 왜 이런 고통을 겪나, 남들은 다 잘 사는 것 같은데 왜 나만 이 모양 이 꼴인가…. 끝나지 않을 것 같은 고통 가운데 있을 때 이 말은 큰 힘을 발휘합니다.

시간이 흐름에 따라 사태의 양상이 달라질 수 있고, 내가 느끼는 감정의 깊이가 얕아질 수 있고, 그사이 큰 깨달음이 있어 인식의 전환이 생길 수도 있습니다. 괴로운 일이든 슬픈 일이든 그대로, 그 자리에 있는 것은 없습니다. 흘러갑니다. 그러니 너무너무 힘들 땐 '괴로운 것도 다 지나가리라, 이 시간도 다 지나가리라' 하고 주문을 외워보세요.

살아온 세월이 오래될수록 고통스러운 경험도 더 많을 겁니다. 이 시대의 어른들은 여러분이 지금 겪고 있는 고통의 터널을 이미 더 많이 뚫고 나오신 분들입니다. 우리가 어른을 공경해야 하는 이유이기도 해요. 어른들이 고통을 잘 헤쳐 나온 것처럼 여러분도 그럴 거니까 너무 겁먹지 마세요. 이 시간도 다 지나갈 겁니다.

인생 시계를
재촉하지 마라

제가 청년 시절이었을 때에 비해 요즘 청년들의 인생 시계는 훨씬 빠르게 움직이는 것 같습니다. 벌써 30년이 지난 일이지만, 제가 대학생일 때는 적어도 3학년까지는 캠퍼스의 낭만을 즐길 여유는 있었는데 요즘은 1학년 때부터 취업 준비를 한다고 하네요. 청소년기, 청년기를 온전히 누리지 못하고 인생 시계가 돌아가니 안타까운 마음이 듭니다.

한 해 한 해 나이를 먹는다고 좋은 어른이 되는 것은 아닐 것입니다. 인생 마디 마디마다 주어진 과업을 잘 마쳐야 다음 단계로 가게 될 텐데요. 요즘 청년들은 자의 반 타의 반으로 너무 빨리 다음 단계의 과업을 끌어당기고 있는 것 같아요. 저희 아이를 봐도, 인생을 단거리 달리기하듯 빠르게 빠르게 살고 싶어 합니다. 빨리 일을 구해서, 돈도 빨리 벌고 싶어 하더군요. 10대, 20대의 어느 시점에선가 방황을 해서 시간을 허투루 썼다고 생각하는 사람들은 인생 시계를 더 빨리 돌리려고 합니다. 더 이상 시간을 낭비할 수 없다는 조급함 때문이겠지요.

여러분은 100세 시대에 살게 될 겁니다. 인생 100년을 놓고 보면 오늘 이 순간은 점 같은 시간일 수 있어요. 물론 순간이 모여 하루가 되고, 하루가 모여 한 달이 되고 1년이 되니 서둘러 점을 찍고 싶은 마음은 이해합니다. 하지만 자신이 어떤 모양의 점, 어떤 색깔의 점을 찍는지, 그 점이 모여서 어떤 그림을 완성하게 될지를 상상하면서 시계를 돌린다면 조금 더 구체적인 하루를 만들 수 있지 않을까요?

작고
적게

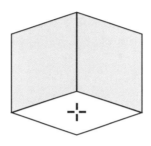

제가 존경하는 한 선생님은 '필요한 것만 갖고 살기'를 오래 전부터 실천하고 계십니다. 연세가 들수록 집도 스스로 감당할 수 있을 만큼의 공간으로 좁혀가고 계시고요. 집이 좁다고 느껴질 때면 집 밖의 공원을 산책하신대요. 많이 가질수록 인간의 욕망이 투영된 것 같아 괴롭다는 말씀도 하시더군요. 어르신의 삶의 지혜를 엿볼 수 있지만 청년들이 완전히 공감하기는 어려울 수도 있어요. 우리 사회가 눈에 보이는 겉치레, 겉치장에 민감하게 반응하는 편이고 타는 차나 옷차림새로 그 사람을 평가하기도 하니 겉모습에 신경을 많이 쓰게 되지요.

저도 혼자 움직일 때는 1500cc 정도의 작은 차를 탑니다. 10년이 넘게 타도 잔 고장 한 번 없이 만족도가 높습니다. 차가 작으니 좁은 주차 공간에도 쉽게 주차할 수 있고요. 혼자 움직이기에 아주 적당합니다. 제가 본부장이 되고 나서도 이 차를 계속 타니 친한 동료들은 본부장이라는 사회적 지위에 맞지 않는 차라고 차를 바꾸라고 하더군요. 저는 차를 운송 수단으로 여기고 있고, 그 기능에 충실하면 된다고 생각하지만 우리 사회가 차를 곧 사회적 지위, 경제적 능력으로 여기다 보니 자연스레 나오는 반응이었던 거죠.

요즘 청년들이 집을 사는 게 너무 막막하다 보니 차나 명품에 올인한다는 기사를 자주 봅니다. 좋은 차나 명품을 사서 여러분의 행복감이 지속된다면 말릴 이유가 없지요. 그런데 만약 그렇지 않다면요. 겉치장은 말 그대로 겉치장이어서 치장을 걷어내면 곧 나의 현실이 드러나게 됩니다. 그러니 겉보다는 내면을 치장하는 데 좀 더 많은 시간과 노력을 내주면 어떨까요? 나라는 사람을 명품으로 만들고 싶지 않나요? 내면이 단단하면 타인의 평가에 덜 흔들리게 되는 건 명백한 사실입니다. 내면을 다지면, 그것은 유행을 타지도 않고 누가 빼앗을 수 없는 나의 고유함이 됩니다. 그 반대의 경우, 겉모습으로 좋게 평가받고자 하면 계속 높아지는 타인의 기대를 충족시킬 수가 없고 결국 무리수를 두게 된다는 거 잘 아실 거예요.

횡재를 구하는 마음을
경계하라

요즘 세상이 워낙 살기가 어렵고 각박하다 보니 인생 한 방, 횡재, 대박이라는 말이 유행하면서 마치 그 일이 우리에게 일상적으로 일어나는 일인 것처럼 착각을 일으킵니다. 과정은 충실히 전하지 않고 결과만을 언급하는 선정적인 보도도 이런 풍조에 한몫을 하는 것 같습니다. 여기에 듣고 싶은 것만 듣는 우리의 어리석음이 동조하여 나에게도 그런 행운, 단번에 인생역전을 할 수 있는 기회가 오지 않을까 허상을 꿈꾸게 되기도 합니다. 상황이 이러하니 하루를 성실하게 사는 삶을 모자란 것으로 여기는 풍조도 있는 것 같고요.

누구는 한 방에 일약 스타가 되어 짧은 시간에 엄청난 부와 인기를 얻은 것처럼 보입니다. 그런데 정말 한 방에 일어난 일일까요? 물론 운이 좋았을 겁니다. 하지만 그는 자신이 하고자 하는 일을 위해 엄청난 노력을 했을 겁니다. 그렇지 않았다면 운이나 기회가 왔어도 그 기회를 자기 것으로 만들지 못했을 거예요. 그러니 엄밀히 말하면 한 방은 아닌 셈이죠. 매주 복권 시장에 몰리는 돈이 엄청나다는 소식도 그냥 넘기기엔 씁쓸함이 큽니다. 가뜩이나 쉽고 빠른 길을 추구하는 요즘 세태에 우리 청춘들이 물들까 걱정이 큰 것도 사실입니다. 적어도 제 경험상으론 땀과 노력을 투자해야 돈을 벌 수 있고, 그것만이 내 돈입니다. 노력의 대가가 아닌 걸 기대하는 건 가장 경계해야 할 일입니다. 보통 횡재라고 하는 건, 우리의 마음을 탁하게 할 수 있고 선한 노력과 성실이라는 노동의 가치를 망각하게 할 수 있습니다.

가장 쓸데없는 후회,

'…했더라면'

일을 그르쳤을 때 우리는 '…했더라면' 하는 후회를 합니다. 그때 공부를 열심히 했더라면, 부모님 말씀을 따랐더라면, 내 선택대로 밀고 나갔더라면, 그 사람과 만남을 지속했더라면, 그때 그 말을 하지 않았더라면, 이 회사 말고 저 회사를 선택했더라면, 결혼을 했더라면, 결혼을 하지 않았더라면…. 쓰고 보니 참 쓸데없네요. '…했더라면' 하는 후회는 과거 그 시점으로 돌아가야만 되돌릴 수 있는데 그건 불가능한 일입니다. 그런데도 우리는 이런 후회에 상당히 많은 시간과 에너지를 소모합니다. 하루에도 몇 번씩 '…했더라면' 하고 후회를 하곤 하잖아요.

과거는 과거로 남겨두고, 그 과거를 통해 현재와 미래의 시행착오를 줄이는 것에 집중하는 게 옳다는 걸 알면서도 왜 우리는 후회를 하는 걸까요? 현재와 미래를 마주하는 것에 또 다른 두려움이 있기에 이미 익숙한 과거를 자꾸 소환하는 건 아닐까요? 지난 일은 상황도 익숙하고, 한 번 겪어보았으니 두 번은 같은 실수를 안 할 것이고, 통제가 가능하다는 유능감 혹은 안정감을 확인하고 싶은 건 아닐까요? 그런데 그 느낌은 실체가 없는 허상입니다. 오히려 이 질문을 '지금 내가 …하지 않는다면'으로 바꾸어보면 현재와 미래 시점을 마주하게 되지 않을까요?

감사는
행복의 원동력

　　　　　　　　　　　당신은 지금 행복한가요?
행복하다고 답을 한다면, 왜 행복하다고 느끼나요? 저는 얼마 전 휴직기를 가진 적이 있어요. 열심히 그리고 치열하게 일했고, 몸과 마음의 휴식이 필요했지요. 덕분에 봄여름가을 겨울 사계절을 온전히 만끽할 수 있었어요. 돌아보면 어릴 때를 제외하고 이때만큼 계절의 변화를 체감했던 적이 없었던 것 같아요. 매일 동네 주변을 걸으며 찬란한 햇빛과 공기를 느끼고, 매일 조금씩 다른 옷으로 갈아입는 나무와 풀, 꽃들을 보는 건 굉장한 기쁨이었습니다. 휴식을 허락해준 회사에도 감사하고요. 집에 있으면서 둘째 아이의 성장을 오롯이 지켜볼 수 있었던 것도 감사하고요. 한동안 꺼내보지 못한 책장의 책들을 읽은 것도 감사하고요. 오래전 인기 있던 드라마 시리즈를 정주행한 것도 감사하고요. 건강이 허락하여 매일 걷는 것이 상쾌하니 이 또한 감사하고요. 나열하고 보니 일상의 감사함이란 크고 거창한 것은 아닌 듯합니다. 일상생활이 건강하고 건재하게 유지되고 있다면 더 이상 바랄 것이 없을 만큼 감사한 일입니다.

우리 마음은 생각하는 대로 움직이고 생각의 주체가 그렇게 믿도록 작동하는 것 같아요. 다른 사람이 볼 때는 매우 사소하지만, 그것에 대해 내가 만족하고 행복해한다면 충분합니다. 매일 동네 길을 산책하면서 행복과 감사를 느끼는 사람이 있는가 하면, 동네 산책이 웬 말이냐 해외여행 정도는 가줘야지 하면서 불만인 사람도 있습니다. 성능 좋은 작은 차를 타도 행복한 사람이 있는가 하면 비싼 차를 타면서도 더 비싼 차를 부러워하는 사람도 많이 봤습니다. 직장은 또 어떤가요? 현재의 직장과 업무에 대해 만족해하며 동료들과 협업을 재미있게 하는 사람이 있는가 하면 나는 이 정도에서 머무를 사람이 아니야라고 생각하며 동료들을 무시하고 혼자 잘난 체하는 사람도 있지요. 물론 현실에 안주하라는 뜻은 아닙니다. 현재 내가 가지고 누리는 것들에 대해 바로 보고, 느끼고, 감사함을 느끼는지를 묻는 것입니다.

건강을 잃은 사람은 다른 어떤 것보다 건강함을 소망하고, 가족의 화목을 잃은 사람은 다른 어떤 것보다 가족 간 화목과 우애를 소망하겠지요. 내가 가진 것에 만족하지 못하고 가지지 못한 것을 갖고 싶은 마음은 당연한 겁니다. 하지만 그로 인해 누구는 가지지 못한, 나는 누리고 있는 것들에 대한 감사함을 잊고 사는 것은 아닌지요? 하루에 적어도 한 번쯤 감사한 것들을 떠올린다면 우리네 인생이 한 뼘은 더 살만하다고 느껴질 겁니다. 결국 감사는 행복의 원동력입니다. '넉넉함의 넉넉함을 알면 언제나 넉넉하다'는 선인의 말씀을 덧붙이고 싶네요.

때론
바보처럼 살아도
좋다

친구 중에도, 직장 동료 중에도 이런 사람 꼭 있습니다. 대화 중에도 이 대화의 끝이 자신에게 득이 될지 실이 될지 계산하는 사람, 절대로 손해 보지 않으려는 사람, 어떤 상황이건 돈 계산부터 하는 사람, 성과가 눈에 드러나는 일은 누가 시키지 않아도 나서서 열심히 하면서 그렇지 않은 일에는 멀찍이 물러서있는 사람, 한마디로 약아빠진 사람 말이죠. 반대로 도움을 청하면 언제든지 묻지도 따지지도 않고 손길을 내미는 사람, 자신에게 좀 손해가 될 것 같아도 긍정하는 사람, 우직하고 진실한 사람, 어떻게든 주변에 도움이 되고자 하는 사람도 우리 곁에 있습니다. 당장은 약은 사람이 승, 우직하고 때로 바보 같아 보이는 사람이 패라고 생각될 수도 있어요. 그런데 어떤가요? 결국은 이해득실을 따지지 않고 선한 뜻으로 시간과 마음을 내어주는 사람이 승리합니다. 이런 사람은 사람을 얻습니다. 믿을만한 친구, 고마운 동료가 되는 방법은 의외로 간단하답니다. 약삭빠르고 계산적인 사람은 자신의 꾀를 타인이 눈치채지 못할 거라고 생각하지만 사실, 다 알아요. 시쳇말로 머리 굴리는 소리가 다 들리거든요. 주변에서 그냥 넘어가 준다고 알아채지 못했을 거라고 생각하는 건 아니겠지요? 비슷한 수준의 사람들이 모여 있는 직장에서 그런 경우라면 더 그렇지요. 그러니 혼자 똑똑한 척하며 너무 계산적으로 살지 않기로 해요.

우회하는 삶도
괜찮다

서울에서 부산을 가는 방법은 여러 가지가 있습니다. 비행기를 탈 수 있고, KTX를 탈 수 있고, 고속도로를 통할 수도 있지요. 시간은 더 걸리더라도 한적한 국도를 달리면서 풍경을 즐기면서 갈 수도 있고요. 혹은 가다가 마음에 드는 곳이 있으면 하루 이틀 묵어갈 수도 있겠지요. 얼마든지 다양한 선택지가 있습니다. 그런데 빠른 방법을 두고 다른 선택을 했을 때 자신도 모르게 이런 여유를 누려도 되나 싶은 생각이 꿈틀댑니다. 우리 사회가 가장 빠른 길, 지름길을 강조하다 보니 우리는 어느새 가장 빠른 방법만이 가장 좋은 방법이라고 여기게 된 것 같아요. 지름길로 가지 않으면 실패한 인생인 것처럼요.

학교 얘기로 풀어볼게요. 고등학교를 졸업하고 대학에 입학하고 바로 취업하면 성공, 거기서 조금만 이탈하면 낙오자가 된다는 인식을 우리 스스로 하고 있지는 않나요? 교육은 원래 평생에 걸쳐 이루어지는 것인데 우리 사회가 학교만을 교육의 장면으로 인식하는 경향이 빚어낸 조급함일 수 있습니다. 어떤 이유로 학교를 다닐 수 없게 된 경우라도 다음 단계의 학습을 이어갈 수 있고, 대학을 가고자 한다면 방법은 있고(물론 학교의 보살핌을 받지 못하기에 본인이 좀 더 부지런하게 방법들을 찾아야 합니다만) 청소년 단체들을 통해 다른 삶을 빚어낼 수도 있는 거예요.

지금 당장은 남들과 다른, 조금은 더딘 선택을 하는 나 자신이 불안하고 걱정되겠지만 길게 보면 이 시간이 나 자신을 단단하게 만들어주는 시간임을 잊지 마세요. 우리가 선택하는 인생의 모든 여정은 그 자체로 존중받아야 합니다.

'절대로' '반드시'는
선택적으로

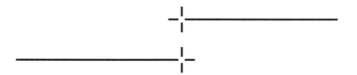

불과 몇 년 전까지만 해도 저는 '반드시'와 '절대로'를 인생의 중요한 신념으로 삼아왔어요. 잘하고 싶고 중요하게 여기는 일은 '반드시' 해내고 싶었고, 해냈고, 하지 말아야 할 것과 하지 않아야 한다고 생각하는 것은 '절대로' 하지 않으려고 노력했지요. 그러나 어느 순간 인생이 계획한 대로 되는 것만은 아니라는 걸 알게 됐어요. 자의에 의해 때론 타의에 의해 계획에서 이탈하는 경우가 생기더군요. 반드시 못 해냈다고 해서 잘못 산 것은 아니며, 절대로 해서 안 되는 일은 이미 안 하고 있으니 굳이 더 강조할 필요는 없겠죠. 절대로, 반드시처럼 강한 어조의 말은 자신의 정신에 강한 영향을 끼쳐 필요시에 치열함과 엄격함으로 무장하게 해주지만 자칫 자신에게도 타인에게도 너무 엄격한 잣대를 들이대게 되어 고단해질 수 있어요. 그러니 이 카드는 꼭 필요할 때만 꺼내 쓰는 걸로 해요.

팔방미인이 될 필요는 없다

평생 우리가 쓸 수 있는 에너지는 정해져있는 것 같아요. 물론 소진된 에너지만큼 바로바로 충전을 할 수 있는 사람도 있겠지만요. 사실 그런 경우는 거의 만나보지 못했어요. 에너지를 잘 배분하고 효율적으로 사용하는 것이 중요합니다. 각자 잘하고 싶은 일, 잘할 수 있는 일, 흥미로운 일, 호기심이 생기는 일, 궁금함이 생기는 일, 나 자신을 즐겁고 행복하게 해주는 일, 나에게 자연스러운 일, 나와 주변이 행복해지는 일에 에너지를 쓰세요.

그런데 그 반대의 경우, 즉 관심도 없는데 다른 사람들이 다 하니까 따라 해야 할 것 같은 일, 남들 보기에 좋아 보이는 일, 억지로 하는 일, 어색한 일, 강요받은 일 등에 에너지를 쓰고 방전되는 경우도 많이 봅니다. 후자의 경우에 에너지를 쓰다 보면 정작 자신이 좋아하고 원하는 일에 에너지를 쓸 수가 없습니다. 늘 자신에게 불만스러운 상황이 생깁니다. 나 혼자 사는 세상이 아니다 보니, 어떨 때는 하고 싶다가 아닌 해야 한다는 당위에 의해 살아야 할 때도 있고 내가 선택할 수 없는 상황도 있습니다. 그런 경우는 물론 예외입니다.

하지만 내가 선택할 수 있는 상황이라면 '내 몸에 맞는 일'을 탐색하고 그 일에 에너지를 집중하세요. 굳이 이것도 잘하고 저것도 잘하고, 모두 다 잘하는 팔방미인이 될 필요는 없습니다. 그것이 가능하기는 한가요? 내가 좋아하고 잘하고 싶어 하는 것만 잘해도, 내가 못하는 것에서 오는 위축감 혹은 소외감을 건강하게 극복할 수 있습니다. 저는 제가 관심을 갖고 잘하고 싶어 하는 일은 꽤 잘하는 편입니다. 하지만 그렇지 않은 분야는 평균 이하의 수행 정도를 보이지요. 사람들이 저보고 그것도 모른다고, 그것도 못한다고 놀립니다. 남들이 좀 우습게 생각해도, 좀 비웃어도 뭐 어떻습니까? 잘하는 영역이 있는데요.

자신만의 주력 상품, 주력 역량이 있으면 되는 겁니다. 내가 잘하고 싶은 것에 집중하면 남들이 뭘 잘하는지 그에 비해 나는 뭘 못하는지에 신경 쓸 틈이 없어요. 자연히 비교할 것도 없어지지요. 이렇게 살면 자기 행복감이 커집니다.

※

재능과 지성은
특권이 아니라
선물이다

스스로 생각하기에 재능을 타고났거나 다른 사람에 비해 조금 더 똑똑하거나 혹은 능력이 있다면 가진 것을 타인과 사회를 위해 나누며 살면 좋겠습니다. 남들이 갖지 못한 것을 가졌거나 남들에 비해 좀 더 우월한 면이 있다는 건 내가 노력해서 된 것이라기보다는 타고난 것이니 선물을 받은 것입니다. 그냥 얻어진 것이니 나누어도 손해날 것이 없습니다. 타인을 위해 쓴다고 내 것이 없어지는 것도 아닙니다.

히어로가 나오는 할리우드 영화를 보면, 지성과 능력이 탁월한 과학자나 기업가가 마음을 삐딱하게 먹고 그 능력을 오로지 남들이 넘보지 못할 무소불위 권력을 위해 쏟아붓는 바람에 본인은 악의 화신이 되고 세상을 혼돈에 빠뜨리는 경우가 많습니다. 결국은 멸망의 길을 걷게 되고요. 그 좋은 머리를, 그 좋은 능력을 왜 저렇게 쓸까 볼 때마다 한탄이 나옵니다.

머리가 좋고 능력이 뛰어난 사람들에게는 일을 구조화, 조직화하고 문제를 해결하고, 유사상황을 대비하여 시스템으로 만드는 것이 그다지 어렵지 않습니다. 그러므로 어려운 일이 발생하거나 문제 상황이 생기면 먼저 나서서 사태를 해결하고 그것이 시스템이 되도록 나서주어야 합니다. 그렇게 되면 그런 능력이 없는 사람도, 다소 능력이 부족한 사람도 시스템의 혜택을 볼 수 있습니다. 먼저 나서서 길을 뚫어주면 그때부턴 모두가 이용할 수 있는 길이 만들어지는 겁니다. 저는 개인 차원에서 얘기를 풀었지만, 개인 차원을 넘어 기관이나 조직 차원, 더 크게는 사회 차원에서 이런 분위기가 형성된다면 우리 사회는 좀 더 유연하고 신뢰할만한 사회가 될 것입니다.

〈생방송 60분 부모〉를 연출할 때 여러 차례 다룬 주제가 있습니다. 바로 '아기를 맡길 어린이집을 찾아야 하는데 어떤 어린이집에 아이를 맡겨야 할까요?'였습니다. 우선 체크 리스트를 만듭니다. 체크 리스트에는 어린아이들이 안전하게 뛰어놀 수 있는 공간인지 여부, 어린이집 원장의 교육 철학과 자격 여부 그리고 인품, 보육 교사들의 경험과 자격 여부 그리고 인품, 먹거리의 안전성, 냉장고의 청결 정도, 전반적인 위생 상태, 보육 시간 대비 보육비의 적절성, 집에서 어린이집까지의 이동 거리와 이동 수단, 처음 등원 시 부모와 함께 적응 기간이 허락되는지 등이 담깁니다. 시청자들에게 여러 차례 공지하고 어린이집을 선택하기 전에 직접 다녀봐야 한다고 강조했습니다. 그러나 실천으로 옮기는 분을 찾기가 어려웠습니다. 15~20년 전의 일이라 당시만 해도 소위 꼬치꼬치 캐물으면 어린이집에서 내 아이가 찍힐까 봐 걱정하던 사회적 분위기였으니 어찌 보면 당연한 결과입니다. 그래서 전략을 바꾸었습니다. 행동으로 옮길 수 있는 분들이 먼저 나서달라고 주문을 했지요. 그리고 PD인 저도 행동으로 옮겼습니다. 그렇게 시간이 한 해 두 해 흐르다 보니 체크 리스트에 따라 어린이집을 탐방하고 검증하는 사람들이 많아졌고, 어린이집도 똑똑한 엄마, 현명한 소비자들을 위해 준비를 하기 시작했습니다.

프로그램과 시청자들의 힘이 모아져 새로운 시스템이 만들어진 것이지요. 할 수 있는 사람이 먼저 움직이면 새로운 길이 열립니다.

원하는 것이 있다면
마음에 싹을 틔워라

우리가 무엇을, 어떤 일을 하게 되는가 아닌가는 결국 그 일을 마음에 품고 싹을 틔우는가 아닌가에 달려있습니다. 내가 마음에 품지 않은 일이 나에게 일어날까요? 내가 마음으로 간절히 원하지 않은 일이 내 것이 될까요? 원한다면… 간절히 원한다면… 마음에 품고 싹을 틔우고 영양분을 주고 키워내야 합니다. 누구를, 무언가를 마음에 품으면 계속 그 대상에 대해 생각을 하게 되지요. 밥을 먹을 때도, 일을 할 때도 길을 걸을 때도 그 생각에 집중하게 됩니다. 책을 볼 때도 관련 내용이 나오면 내 상황과 대입하여 한 걸음 내딛습니다. 싹을 품었다면 이미 이룬 것처럼 믿습니다.

PD로 일하면서 이 말을 제가 어떻게 실천하고 있는지 말씀드릴게요. PD는 섭외 능력도 좋아야 합니다. 다른 방송에서는 만날 수 없는, 매력 있고, 메시지는 강하고 선한 영향력을 끼칠 수 있는 그런 분들을 모시려고 하지요. 저는 '저분을 모셔야겠다'고 마음먹으면, 몇 날 며칠 그분을 생각합니다. 만나기 전에 말이죠. 그분이 쓴 책, 관련 기사를 가능한 한 모두 읽고 그분을 이해하려고 노력합니다. 내가 이렇게 얘기했을 때 그분은 이렇게 말씀하시겠지, 그러면 나는 이렇게 얘기해야지라는 시나리오까지 머릿속으로 그립니다. 그리고 '됐다' 싶을 때 전화를 합니다. '됐다'고 느끼기까지 꽤 오랜 시간이 걸리기도 합니다. 그래도 그 시간을 잘 견뎌야 합니다. 방송일은 다가오고 섭외에 너무 많은 시간을 쓰게 되어 애를 태우는 경우도 많습니다만 처음 시도에 실패하면 두 번째에서 섭외가 성사되기는 더 어렵기 때문에 매우 신중해야 합니다. 다른 사람이 아닌 꼭 그 사람이어야 할 땐 더욱 그렇습니다.

제가 '됐다'고 말할 때는 이미 섭외가 된 것처럼 확신이 들 때입니다. 전화로 만남을 청하는 단계지만, 이미 섭외가 되었다는 전제로 통화를 이어갑니다. 섭외 대상이 섭외를 거절할 이유를 찾지 못할 정도로 철저하게 준비함은 물론입니다. PD의 확신에 찬 어조에 상대방은 어느새 프로그램 기획에 관여를 하고 있습니다. 곧이어 미팅을 합니다. 미팅을 위해 시간을 쓴다는 건 매우 긍정적인 신호입니다. 미팅을 하면서 그동안 공부했던 것을 바탕으로 풍성한 대화가 오고 갑니다. 그러면 섭외 성공입니다. 간혹 큰 노력 없이 쉽게 섭외가 되더라도 과정에서의 철저한 준비는 필수입니다. 왜냐하면 방송까지 여정이 남아있고 PD의 준비 정도가 프로그램 성패의 관건이기 때문입니다.

일이든 사람이든 저는 원하는 것이 있을 때 마음에 품고 머물게 합니다. 애정을 갖고 생각을 키웁니다. 내가 왜 그 일을 해야 하는지, 내가 왜 그분과 일을 해야 하는지, 다른 사람이 아닌 바로 그분이 꼭 필요한 이유에 대해서 저 자신의 생각을 점검하고 또 점검합니다. 그래서 그런지 섭외에 공을 많이 들인 경우일수록 처음 만나는 분도 마치 몇 번 만난 사람처럼 첫 만남부터 친근함을 느끼기도 합니다. 이 원칙을 지금까지 지키고 있는데 그 덕분에 제가 기억하는 한, 섭외하고자 하는 분을 놓친 적이 없는 것 같습니다.

바라는 바는
이미 이루어진 것처럼

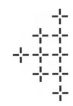

바꿀 수 있다는 믿음, 할 수 있다는 믿음이 현실을 만든다는 얘기를 한 번쯤 들어봤을 거예요. 무언가를 간절하게 바란다면 다른 사람에게도 말해보세요. 그리고 이미 이루어진 것처럼 말하고 행동하세요. 그 일이 이루어집니다. 왜냐하면 내가 말하고 행동하는 동안 그 모습을 내 자신이 지켜보고요, 다른 사람의 응원도 보태지고요, 바라는 마음이 더 간절해지므로 열심히 준비하게 되어있어요. 그러나 우리는 안타깝게도 '내가 할 수 있을까? 안 될 거야, 너무 어려워'라는 생각을 더 많이 하는 것 같습니다.

제 어릴 때 얘기를 좀 해드릴게요. 학교에서 글짓기를 비롯해 각종 대회를 많이 하잖아요. 꼬마였던 저는 늘 이렇게 생각했어요. '저 상은 내가 타야지'라고요. 그러면 꼭 그 상을 받았어요. 비결이 뭐냐고요? 은연중에 상을 받고 싶은 마음이 간절해져 열심히 준비를 했던 거지요. 아무 노력 없이 그 상이 제 것이 될 리는 없겠지요.

원하는 결과물을
상상하고
기획하라

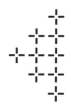

과제가 주어졌을 때, 어떻게 접근해야 하는지에 대해 살펴보기로 해요. 일단 이것저것 시작해보는 스타일이 있어요. 눈에 들어오는 단어에 집착하여 그걸 파고드는 사람도 있고요. 과제가 풍기는 느낌적인 느낌을 따라가는 사람도 있습니다. 관련 자료들을 먼저 조사하는 사람이 있고 관련 분야 전문가를 만나 취재를 하기도 하고요. 과제의 최종결과물을 상상하는 사람도 있습니다. 저는 마지막 경우에 속하는데, 최종 결과물을 상상하고 역으로 필요한 자료들을 수집합니다. 자료들을 통해 핵심 이슈들을 추려내고 이슈별로 관련 자료들을 모으죠. 이런 과정을 일명 기획(planning)이라고 하는데 저는 기획에 절반 이상의 에너지를 투자하는 편입니다. 기획이 탄탄하면 실제 실행에 있어서의 시행착오를 줄일 수 있거든요. 과제의 방향과 의미에 대해 확신이 서면 이어지는 실행 단계는 수월합니다. 물론 실행 단계에서 기획의 일부가 수정될 수 있지만 과제의 중심, 즉 방향이 흔들리는 것은 아니므로, 기획 없이 무작정 시작하는 것보다는 훨씬 질 높은 과제 수행을 할 수 있게 됩니다. 충분한 기획 과정이 없이 일단 시작하면 금방 결과에 도달할 것 같지만 '애초에 내가 하고자 했던 것이 이 방향인가?'라는 의심이 생길 수 있고 불충분한 자료 조사는 의심을 더 강화시킵니다. 결국 처음에만 수월한 듯 보이고 이어서 곧 많은 에너지를 소진하게 됩니다. 이와 더불어 예기치 않은 상황이 발생하면 처음부터 다시 시작해야 할 수도 있습니다. 어느 쪽이든 같은 양의 에너지(시간과 노력)를 쓰게 될 텐데, 에너지를 어떻게 효율적으로 쓰는가의 문제죠. 마감 시간이 다가올수록 조급함이 더해지므로 시간이 많이 소요되는 일은 초반에 에너지를 많이 투입하는 것이 좋고, 마감 시간이 다가올수록 조금은 여유롭게 일을 진행하는 것이 좋습니다. 처음에 편안하고 쉬운 길을 선택했다가 나중에 시간 압박이 오면 조급해져서 원했던 결과물을 얻지 못할 때가 많습니다.

결핍은
또 다른 동기를 부른다

어릴 때의 저를 떠올리면 하고 싶고 배우고 싶은 게 참 많은 아이였습니다. 어떤 이유로 철이 일찍 들었던 탓에, 뭘 배우고 싶다고 투정을 하지 못했어요. 막내가 뭘 배우고 싶다고 하면 엄마는 계획에 없던 지출을 해야 하고, 막내의 요구를 거절하느라 속을 태우셨을 테니까요.

지나고 보니, 하고 싶은 게 많은 제가 하고 싶은 걸 할 수 없어서 저 혼자 힘으로 할 수 있는 공부에 집중을 했는지도 모르겠어요. 그리고 그 결핍 덕분에 지금까지도 배우고 싶은 게 많고, 하고 싶은 것도 많은 중년이 되었는지도 모르겠습니다. 결핍이 지나치면 우리를 절망과 고통으로 몰아넣지만, 그런 정도가 아니라면 결핍이 동기부여가 되고, 결핍을 열정으로 승화시킬 수 있다고 봅니다.

저는 한 음악 채널의 랩 경연 프로그램을 즐겨봅니다. 젊은 친구들이 내뿜는 랩의 가사를 보면 그들의 삶이 오롯이 녹

아있습니다. 불우한 가정환경이나 부모와의 불화 혹은 부모에 대한 그리움, 젊은 날의 방황, 꿈과 목표를 향한 갈망 등을 노랫말로 표현하는데요. 아티스트들이 자신의 모습과 자신의 삶을 직면하며 써내려간 가사에는 놀라운 자기성찰과 통찰이 담겨있습니다. 한때는 그런 어려움, 그런 결핍들로 이 친구들은 삶을 외면하고 반항하며 하루하루를 힘겹게 투쟁하며 살았을 것입니다. 그러나 그 결핍을 음악으로 승화시키면서, 그들을 힘들게 한 바로 그 결핍이 아티스트들의 스토리가 된 것이지요. 결핍이 없었다면 많은 이들이 공감하는 음악을 얻지 못했을 것입니다. 먼저 그 길을 걷고 있는 멘토들과 만남으로 이들의 스토리는 모두의 스토리가 됩니다. 결핍이 동기가 된다는 증거를 봅니다. 그러니 내가 갖지 못한 환경적 조건으로 너무 속상해하지 마세요. 다른 능력이 또 키워질 수 있으니까요. 모자람이 없어 보이는 삶이 꼭 좋은 삶은 아닐 수 있어요. 차고 넘치면 환경을 깨고 나올 동력이 상대적으로 약할 수 있습니다.

작고 큰 성공 경험이
나를 지탱한다

우리가 '성공'이라고 말할 때는 크고 거창한 걸 염두에 둡니다. 그런데 저는 일상의 작은 성취를 성공이라고 말하고 싶어요. 어제 못 한 것을 오늘은 해냈을 때, 목표한 운동량을 채웠을 때, 목표한 체중감량을 이루어냈을 때, 수업 시간에 용기 내어 모르는 것을 질문했을 때, 다툰 후 어색해진 친구에게 먼저 사과했을 때, 도움을 청하는 친구를 기꺼이 도와주었을 때를 모두 성공 경험이라고 말하고 싶어요. 이렇게 작고 큰 성공 경험들이 나의 자존감을 높여줍니다. 작고 큰 성공 경험들이 나를 더 큰 경험들로 안내하고 더 용감하게 만들어줍니다. 아무리 작은 경험이라도 무시하거나 외면하면 안 됩니다. 성공 경험은 우리가 고난에 빠졌을 때 헤쳐 나올 수 있는 힘을 줍니다.

능력보다는
태도가
성패를 가른다

신발을 만드는 기업의 두 직원이 아프리카 오지에서 신발 시장을 개척하라는 사명을 띠고 아프리카에 도착했습니다. 한 사람은 도착한 날, 맨발로 다니는 현지인들을 보고 가능성이 없다고 바로 귀국하겠다고 했다는군요. 다른 한 사람은 본사로 연락해 신발을 보내달라고 했답니다. 모두 맨발로 다니니 엄청난 가능성이 있다고 판단한 거죠. 이 일화는 들어본 적이 있을 겁니다. 똑같은 상황과 마주했는데 한 사람은 큰 가능성을 보았고, 다른 한 사람은 불가능을 보았지요. 두 사람은 비슷한 수준의 교육을 받았을 거고, 비슷한 정도의 능력을 갖추고 있었을 겁니다. 차이가 있다면요? 바로 태도이지요. 적극적이고 긍정적인 태도가 두 사람 간의 큰 차이를 만들었습니다.

많은 경우에 능력보다는 태도가 성패를 결정짓습니다. 선생님들이 그런 말씀 많이 하세요. 머리 좋은 거 믿고 성실하지 못하면 결국 성실한 친구(진득하게 앉아서 공부하는 친구) 못 따라간다고요. 공부를 대하는 진중한 태도를 강조하는 말씀인데요. 직장에서도 마찬가지입니다. 눈치 빠르고 요령을 피워 일하는 동료는 단기적으로는 일을 빠르게 잘 처리한다고 평가받을 수 있습니다. 하지만 일 처리는 조금 느리더라도 그 일의 의미를 고민하고 잘해보려고 애쓰고 자신이 생각하는 바를 정직하게 말하는 동료가 장기적으로는 좋은 평가를 받고 조직을 위해 큰일을 하는 인재로 성장합니다. 순간만 넘기자는 마음으로 공부하고 일하면 시간이 지나도 내 것이 되지 않습니다. 얄팍하게 일하면 일이 나를 거부합니다. 정직한 태도가 최선의 방책이라는 말이 여기에 해당되겠네요.

일을 한다는 마음보다는
사람을 얻는다는 생각으로

다큐멘터리를 제작하는 과정에서 많은 애니메이션 거장들을 만났습니다. 1년이라는 시간 동안 스튜디오 지브리의 미야자키 하야오 감독, 당시 디즈니 픽사 애니메이션 스튜디오 사장이었던 애드 캣멀, 드림웍스 최고경영자 제프리 카젠버그를 비롯해 인터뷰한 인물만 100명 가까이 됩니다. 애니메이션 세계를 주도하고 있는 세계적인 거장들을 만나 그들의 예술철학과 작품세계 그리고 인간적인 면모에 대해 솔직한 이야기를 듣기까지는 오랜 시간의 고민과 노력이 필요했어요. 그들에게 직접 취재 요청을 한다는 것은 거의 불가능에 가까운 일처럼 보였습니다. 실제로도 그들 세계에서 방송매체와의 단독 접촉은 이례적인 일이었고, 섭외 진행 당시 수많은 사람들이 그 가능성에 대해 고개를 저어 보이기도 했습니다. 그러나 현실을 올바로 인식하고, 진심을 담아 취재를 진행하자 결코 열리지 않을 것 같았던 스튜디오들의 문이 하나씩 열리기 시작했습니다.

취재를 위해 제가 선택한 방법은 이들의 한국 파트너사와 접촉하는 것이었어요. 다큐멘터리 기획안이 만들어지고 저는 한국 파트너사들을 먼저 만나 기획의 취지를 설명하는 자리를 가졌습니다. 결국 파트너들이 저라는 사람과 다큐멘터리의 취지에 공감해주었고 그들의 마음이 움직이자 미국, 일본 등 본사를 설득하는 데 힘이 모아졌습니다. 저 혼자라면 하지 못했을 일들을 파트너들의 도움으로 이루어낸 것입니다.

취재 과정에서는 '일'을 한다는 마음보다는 '사람'을 만난다는 마음으로 임했습니다. 그동안 수없이 많은 질문을 받아왔을 거장들이기도 했고, 삼고초려 끝에 얻어낸 값진 시간을 틀에 박힌 질문들로 채울 수는 없었기 때문에 정말 열심히 준비했습니다. 그 덕분에 그들에 대한 심도 있는 이해를 바탕으로 인터뷰를 진행할 수 있었고, 그 점을 대부분의 인터뷰이들이 공감해주었고, '작품에 대해 이렇게 깊은 이해를 한 제작진은 처음 만났다'며 예정된 인터뷰 시간보다 훨씬 긴 시간을 내어주기도 했습니다.

사회생활에서 사람과의 만남과 소통, 그리고 문제를 해결하는 능력은 기본이면서도 가장 중요한 부분입니다. 지금 이 순간에도 하나의 프로젝트에 어떤 마음으로 참여하고, 어떤 방법을 통하여 원하는 결과를 얻을지에 대해 고민하는 분들이 많을 겁니다. 사람의 마음을 얻으면 일은 훨씬 수월하게 풀립니다. 함께 일하는 사람 간에 마음이 만나면 일이 훨씬 즐겁고 재미있어집니다. 오해하시면 안 됩니다. 일을 잘하기 위해 사람 마음을 얻는 데 힘쓰라는 뜻이 아니고요, 그 일을 하는 사람의 마음을 충분히 이해하고, 그 사람이 그 일을 어떤 마음으로 해내고 있을까를 느끼려고 애쓰라는 말입니다. 진정성을 갖고 일과 사람을 이해하려고 애쓰면 결국 그 마음이 통하여 일이 수월하게 진행된다는 얘기입니다. 결국 그 일도 사람에 의해 이루어지는 것이니까요.

정성을 다한다는 것

공부나 일을 할 때 마음을 담아라, 정성을 다하라는 소리를 많이 들었을 겁니다. 정성을 다한다는 건 어떤 의미일까요? 온전하게 그 생각만 한다는 뜻이지요. 열심히 한다는 말로 대신할 수 있을 것입니다. 내가 잘하고 싶고, 간절히 원하는 일이라면 그래야 할 것입니다. 그렇지 않고는 좋은 결과를 얻을 수 없을 테니까요. 제 경우엔 프로그램을 만들면서 저의 영혼을 담는다는 생각으로 임하고 있습니다. 그럴 때 시청자들이 제가 프로그램을 통해 나누고자 하는 메시지를 느낄 거라고 믿거든요. 연출자인 저와 시청자가 직접 대면할 일은 없겠지만 연출자가 얼마나 정성을 들이고 마음을 쏟는지는 아마 시청자들이 고스란히 느낄 것입니다. 연출자의 정성은 편집, 내레이션, 음악 등 제작 과정 전체에 고스란히 반영되니까요.

저는 보고서 한 장을 쓰는 데도 정성을 쏟습니다. 그 보고서가 중요하다면 더더욱이요. 보고서 한 장은 무생물이지만, 제가 보고서를 작성하는 과정에서 쏟는 정성은 보고서의 단어 하나하나에 담길 것이고, 보고서를 보는 사람의 마음을 울릴 것입니다. 보고서도 결국 보고서를 작성하는 사람을 담아내기 때문입니다. 어떤 일을 대할 때 그것을 일로서만

대하기보다는 내 삶의 한순간으로 대하면 과정과 결과가 훨씬 역동적이고 근사해집니다.

두 아이를 키우면서 제가 학기 초마다 아이와 함께 의식처럼 하는 일이 있습니다. 교과서를 투명 포장지로 깨끗하게 포장하는 일입니다. 교과서를 그냥 가지고 다니면 얼마 지나지 않아 구겨지고 찢기고 더러워집니다. 교과서를 귀하게 여기는 것은 학교생활을 소중하게 여기는 것의 시작이라는 말도 아이들에게 해줍니다. 교과서를 포장하는 행위는 별일 아닌 듯 보이지만 그 행위에는 학교생활에 대한 정성, 공부에 대한 정성이라는 의미가 담겨있습니다. 아이가 건강하고 행복하게 학교생활을 잘하기를 기원하는 마음은 물론이고요.

.

철학하라

십수 년 전 일입니다. 당시 저는 박사과정 공부를 하고 있었어요. 논문을 쓰는 동안 매일매일이 저의 한계에 부딪히는 고통스러운 시간이었지요. 이렇게밖에 못 하나라는 생각을 가장 많이 했던 시간이기도 해요. 여러 선행 연구들을 읽고 이해하는 과정에서 스스로 어느 수준까지 사고할 수 있는지, 사고력의 한계에 도전해보고 싶었습니다. 한참을 잊고 있던 철학이 떠올랐습니다. 이를 계기로 플라톤에서 비트겐슈타인의 철학까지 공부를 했습니다. 학창 시절 삶과 철학에 대해 많은 궁금함이 있었으나 미결의 상태로 성인이 되었고 어른이 되었습니다. 그런 연유로 철학 공부에 대한 갈증은 꽤 오래 지속되었던 것 같습니다. 한참을 잊고 살다가 30대 후반의 나이에 다시 철학 공부에 입문하게 된 것입니다.

우리는 누구나 삶과 세계에 대한 이해 깊은 통찰을 통해 '그럴듯한' 누군가가 되기를 꿈꿉니다. 그러나 그렇게 되는 방법을 몰랐고 그렇게 될 수 없었지요. 그러나 우리는 알고 있습니다. 철학적 사유의 방식과 철학에 대한 이해가 있다면,

지금보다 한 층위 깊은 사고를 할 수 있는 '괜찮은' 사람이 될 수 있다는 것을요. 우리에게 철학, 철학자란 그저 교과서 속에서 화석처럼 존재하던 것이었죠. 학창 시절, 도덕이나 국민윤리 교과서에 수많은 고대 중세 근세 철학사상과 철학자들이 후대에 그 철학을 배우는 우리들이 어떻게 이해하고 삶으로 담아낼지에 대한 교육적 고려 없이 열거되어 있었던 것들을 기억합니다. 그러니 철학과 내 삶을 연관 지을 수 없었겠지요.

철학 공부를 통해 저는 앎과 삶에 대한 저의 태도를 반성하게 되었어요. 그동안 내가 아무런 의심 없이 말해왔던 것들을 회의하게 됐고, 진실한 탐구가 무엇일까 고민하게 되었으며, 내 안에 통찰과 인식 그리고 자기 완성에의 희구가 있었음을 깨닫게 되었습니다. 여러분도 기회가 된다면 '삶의 해명자로서의 철학'을 공부해볼 것을 권합니다.

학습은 호흡이다

그동안 꽤 열심히 살아왔습니다. 일하면서 아이 키우면서 공부를 했죠. 교육학으로 박사과정을 시작하기 전에는 왜 이렇게 살고 싶은지, 왜 이렇게 살고 있는지, 나는 왜 그 자리에 머물러있기를 거부하는지, 일하느라 바쁜 가운데도 왜 계속 배우고자 하는지, 저 자신을 설명할 길을 찾지 못했습니다. 그러나 〈생방송 60분 부모〉를 연출하는 과정에서 프로그램을 보고 '배운다'는 많은 시청자들의 반응을 접하고 '무엇이 우리 인간으로 하여금 배우게 하는가?'라는 학문적 호기심을 갖게 되었습니다. 그리고 첫 수업에서 오랜 시간 저를 궁금하게 했던 답을 찾았습니다. '학습은 생명체가 일상적으로 수행하는 삶의 한 단면으로서 마치 호흡과 같이 자연스러운 과정이다.' 이 명제를 만난 뒤 일시에 그동안의 제 삶이 해명되고 설명되는 것 같았어요. '아, 그동안 나는 호흡을 하고 있었던 거구나.' 인간으로서 매우 자연스러운 지적 호흡을 하고 있었던 것입니다. 가끔은 저 자신이 욕심이 많은가, 지나치게 성취 욕구가 큰 사람인가 하는 생각이 들어 그건 내 모습이 아닌데 하면서 고심했던 시간도 있었거든요.

우리가 음식을 먹지 않으면 배고픔을 느끼는 것처럼 인간은 학습이 정지되면 뇌가 배고픔을 느끼게 됩니다. 그런 이유로 우리 인간은 끊임없이 무엇을 배울까 탐색하고 배우게 되는 것입니다. '학습은 지적 호흡이다.' 오늘도 열심히 살며 배우고자 하는 당신의 지적 호흡을 응원합니다.

삶을 풍요롭게

: 음미체와 유머

지금껏 살면서 크게 후회되거나 미련이 남는 일은 거의 없는 것 같아요. 다만 음악과 미술, 즉 예술 분야를 많이 접하지 못한 건 매우 아쉽습니다. 특히 시대와 세대를 뛰어넘어 수세기 동안 사랑받는 클래식 음악을 많이 듣고 느끼고 감상하지 못한 건 두고두고 후회가 될 것 같아요. 그래서 수개월 전부터 1일 1클래식을 목표로 하고 한 곡씩 들어보고 있어요. 중간중간 약속을 못 지킨 날도 많네요. 듣는 훈련이 안 된 탓인지 긴 곡을 한 번에 들을 수가 없어 여러 날에 걸쳐 듣기도 합니다. 한 곡을 듣되 연주가들이 다른 버전도 들어봅니다. 같은 곡도 어느 성악가가 부르는지에 따라 곡의 느낌이나 감동이 다르더군요. 미술 작품도 처음엔 제가 느끼는 대로 작품명도 상상해보고 작품 해석도 해봅니다. 그러고 나서 작품명과 해설을 확인해보지요. 나의 감상평이 작가의 작품 의도와 맞아떨어지면 그런 대로, 그렇지 않으면 그렇지 않은 대로 여러 느낌을 가질 수 있어 좋다고 봅니다.

많은 부모님들이 어린 자녀들에게 필수코스로 피아노나 바이올린을 배울 기회를 주십니다. 피아노나 바이올린을 연주한다는 것 그 자체보다 음악이 우리에게 큰 위로와 희열을 줄 수 있다는 걸 우리 부모님들이 자녀들에게 가르쳐주고 싶었던 건 아닐까요?

음악, 미술과 더불어 신체활동과 운동을 통해 몸을 건강하게 하면 삶이 더 풍요로워질 것이고요. 더불어 유머 감각을 장착하면 삶이 활력을 얻게 될 겁니다. 유머 감각은 우리가 힘들고 지치고 난감한 상황일 때 정말 큰 힘을 발휘하는 것 같아요. 절망 가운데 웃을 수 있는 여유는 유머가 주는 위대한 힘입니다.

지속가능한 일을 찾아야

최근에 몸을 쓰며 일하면서 노동과 땀의 가치를 실천하는 MZ 세대에 관한 기사를 읽었습니다. 고등학생 때부터 건축 일에 관심을 갖고 목수로 일하고 있는 19세 청년, 대학에서 사회복지를 전공하고 도배사로 일하는 청년, 아이 양육을 위해 자유시간이 허락되는 일을 찾은 끝에 직업 해녀가 된 청년의 이야기를 보았습니다. 또래 직장인에 비해 수입도 좋은 편이라고 합니다. 사회의 통상적인 취업의 문법을 깨고 자신이 원하는 바를 위해 새롭게 영역을 개척하고 도전하는 그들의 용기에 응원을 보냅니다.

우리 사회가 특정 소수의 좋은 대학과 선호하는 기업에의 취업을 위해 치열하게 경쟁하는 사회다 보니 자유로운 영혼의 소유자인 청년들이 '무슨 일을 할 것인가?' '어떻게 살 것인가?'라는 질문을 던질 때 벽에 부딪히는 느낌을 받을 수 있습니다. 지식노동자가 되든 육체노동자가 되든 간에 일을 선택함에 있어 가장 중요하게 고려해야 할 점은 바로 '지속가능성'이라고 생각합니다. 모든 사람이 사회가 선호하는 직업군을 선택할 이유는 없습니다. 그래서도 안 되고요. 내가 흥미를 느끼고 관심 있어 하는 분야인가, 그 일을 통한 수입으로 안정적인 생활이 가능한가, 일에 대해 만족하는가, 발전가능성이 있는가 등의 요소들을 따져야 할 것입니다. 조직에 속하면 안정감은 담보되지만 내가 원치 않는 방식이나 원치 않는 일도 해야 한다는 부담이 있을 수 있고, 스스로 분야를 개척하는 경우에는 안정감은 약할 수 있지만 스스로 결정하면서 자유롭게 일을 펼칠 수 있다는 장점이 있을 것입니다. 우리 사회도 머지않은 미래에 모든 직업이 존중받고 충분히 보상받는 날이 올 겁니다.

무엇보다
우선해야 할 일,

책!
책!
책을 읽읍시다

제가 책읽기를 좋아하는 첫 번째 이유는, 사색을 할 수 있기 때문입니다. 읽다가 잠시 머물고 싶은 대목에서 멈추어 생각을 하고, 또 읽어 내려가다가 멈추어 생각할 수 있습니다. 밑줄을 그으며 마음에 새길 수도 있고요. 어떨 때는 단어 하나가 온종일 저를 감쌀 때도 있습니다. 어떨 때는 문장 하나가, 소제목 하나가 저를 불편하게 하거나 흔들 때가 있습니다. 좋은 글귀나 멋진 문장을 만나면 따라쟁이가 되고 싶습니다. 참 행복합니다. 두 번째 이유는 책을 읽으면 세상의 지식과 지혜를 만날 수 있고 배울 수 있기 때문입니다. 모르는 걸 깨치는 기쁨이 크고, 그것을 내재화하여 나 자신의 것으로 만드는 기쁨이 큽니다. 이 분야의 지식과 저 분야의 지식이 결국에는 서로 어우러져 통합되는 모습을 지켜보는 것도 참 기쁩니다. 세 번째 이유는 책을 읽음으로써 생각을 글로 잘 옮기는 법을 배웁니다. 그럼으로써 말도 더 잘하게 됩니다. 자신의 생각을 글과 말로 잘 표현하고 전달하는 능력은 꽤 큰 힘을 발휘합니다. 이런 이유로 저는 인류 문명과 문화에 있어 가장 위대한 존재가 책이 아닐까 싶습니다. 책을 통해 삶과 철학, 그리고 문명과 문화, 인류의 과거와 현재, 미래를 알 수 있고 상상할 수 있습니다.

많은 사람들이 책 읽는 습관을 갖고자 하지만 정작 책 읽는 것이 습관이 된 사람은 많지 않아 보입니다. 하루에 10분만 책을 읽는 데 시간을 쓴다면 일주일이면 70분, 한 달이면 280분입니다. 10분 루틴이 잘 지켜지면 시간을 조금 늘릴 수 있습니다. 이렇게 하다 보면 1년에 책 몇 권은 읽어낼 수 있습니다.

휴대폰은 하루에 몇 시간씩 들여다보면서 책 읽는 데는 10분도 허락하지 않는 이유가 궁금합니다. 시간은 어떻게든 낼 수 있습니다. 버스나 지하철 기다리는 몇 분 동안, 잠자기 전 잠깐 시간을 낼 수 있지요. 소위 자투리 시간은 책을 보는 데 쓰면 좋겠습니다. 집 안 곳곳 나의 시선이 머무는 곳마다 읽고 싶은 책들을 놓아두고, 그때마다 책을 펼치면 됩니다. 평소 책을 가까이하지 않았다면 처음부터 책이 술술 읽히지는 않을 겁니다. 그럴 때 저는 일단 책 표지라도 보라고 얘기합니다. 하루 이틀 책표지를 쳐다보다가 목차를 보고, 눈길을 끄는 대목이 나오는 페이지를 펼쳐 읽어보라고 합니다. 그러다가 읽을만하다 싶으면 앞에서부터 읽어나가면 됩니다. 저도 생각만큼 책을 많이 읽지는 못합니다. 그래서 더 많이 읽지 못함을 늘 아쉬워하며, 책을 많이 읽겠다는 각오를 매일 새롭게 하고 삽니다.

스스로 한계를 정하지 말라

우리는 일생 동안 우리 뇌의 불과 몇 퍼센트밖에 사용하지 못한다고 하지요. 뇌를 많이 쓸수록 우리는 더 많은 것을 생각하고 더 많은 것을 할 수 있게 될 겁니다. 다만, 우리가 스스로 '나는 여기까지' '나는 못 할 거야'라는 생각으로 한계치를 설정해둔다면 할 수 있는 게 없을 겁니다. 우리 모두는 이미 경험한 바가 있습니다. 도저히 시간 내에 할 수 없을 것 같던 일을 성공적으로 해냈던 경험, 평소라면 생각하지 못했을 근사한 아이디어를 냈던 경험, 몇 날 며칠 끙끙거리며 풀어냈던 수학 문제, 도저히 해결책을 찾을 수 없던 순간에 떠올린 해법들을요. 우리에겐 특히 청춘들에겐 마음 놓고 실수할 자유가 있습니다. 시도하기 전부터 실수나 실패를 두려워하면 그것 자체로 나를 가두어두는 것입니다. 실제의 나는 얼마든지 뛰고 달릴 수 있는데 말입니다. 잘 뛰고 잘 달리지 못할까 봐 늘 걷기만 한다면, 우리 뇌가 심심해할 겁니다. 뇌에 자극을 주고, 뛸 수 있다고 말해주고, 실제로 뛰어보세요. 한계 없는 푸른 창공을 훨훨 날아보세요.

온 마음을 다하고
영혼을 실어야

　　　　　무엇이 되고자 하고, 원하는 것을 얻고, 중요하게 생각하는 가치를 지키며 살고 싶은가요? 사물이건 사람이건 온전하게 마음을 다하고 정성을 다하세요. 그 대상이 내 마음속에 자리 잡고 싹을 틔우고 열매를 맺기 위해서는 온 마음을 집중해야 합니다. 내가 관여하는 일에는 내가 담긴다는 생각으로 몸과 마음, 그리고 영혼을 담아야 합니다. 그래야 그 대상이 나에게 반응을 합니다. 내가 얼마나 마음과 영혼을 담는지에 따라 결과가 달라질 수 있습니다. 간절함의 또 다른 표현일 수도 있겠어요. 영혼을 실어야 상대를 움직일 수 있습니다. 이런 사람들의 특징은 자신의 가치를 확신하고, 자신의 연약함을 인정하는 용기를 지녔으며 치열하게 삶을 꾸려갑니다.

예를 들어볼게요. 회의를 하다가, 한 직원이 한 부서의 업무 개선 방향에 대해 준비를 해둔 것이 있다고 하더군요. 그 직원은 스스로 일을 꽤 잘한다고 생각하는 것 같았어요. 마침 그 자료가 필요했던 터라 보자고 했지요. 놀라운 건, 보고서는 깔끔하게 쓰였는데 한 글자도 눈에 들어오지 않았습니다. 그런 느낌은 처음이었어요. 보고서에 그 직원이 담기지 않았던 겁니다. 글자는 있는데 보고서 작성자의 생각과 마음, 의지가 전혀 느껴지지 않았던 거죠. 우리가 흔히 기계적으로, 영혼 없이 일한다는 바로 그 느낌을 받았습니다. 글이 좀 어눌하고, 보고서가 매끈하지 않아도 작성자가 이 일을 어떻게 대하는지가 보이고 느껴지면 보는 사람이 느끼고 알아채고 감동할 수 있습니다. 반면 마음과 영혼을 담지 않으면 단 한 사람에게도 다가갈 수 없답니다.

인생의 목표는
자기 개선,
자기 완성

　　　　　인생의 궁극적인 목표는 무엇이어야
할까요? 살아가면서 수도 없이 던지고 또 던지는 질문입니다. 가장 답하기 어렵지만 또 꼭 답을 갖고 있어야만 할 것 같은 질문, '어떻게 살아야 하는가?'라는 질문입니다. 저도 30대까지는 능력, 성과, 일을 통한 자기계발을 삶의 목표로 삼았어요. 여러분도 당장은 원하는 대학에 입학하는 것이 인생의 목표일 수 있고, 또 원하는 직업을 갖는 게 목표일 수 있어요. 다 훌륭한 목표입니다. 그런데 명문대에 들어가고, 남들이 부러워할만한 직업을 갖는 것, 그것이 인생의 궁극적인 목표일까요? 그다음은 뭐죠? 결국 대학도, 직업도, 능력도, 성과도 나의 일부입니다. 나의 전체를 구성하는 것에 가장 가까운 질문은 '어떤 사람이 되고 싶은지'일 겁니다. 저도 아직까지 답을 찾는 중이고요.

시각을 조금 틀어서 생각해볼까요? 인생의 목표를 어제의 나보다 나은 오늘의 나, 오늘의 나보다 나은 내일의 나가 되기로 정해보는 건 어떨까요? 내 삶의 스펙트럼은 넓은데 남들이 정해놓은 잣대에 내 삶의 풍성함을 끼워 맞추려고 재단하지 말기로 해요. 조금씩 나아지고 있다면 잘 살고 있는 것 아닌가요? 어제는 10분 운동했는데 오늘 15분 했다면 잘 산 거고, 어제는 10페이지 공부했는데 오늘 두 페이지 더 공부했다면 잘 산 거고, 어제까지 해결하지 못한 문제를 오늘 해결했다면 잘 산 거고, 가족과 평화롭고 화목한 하루를 보냈다면 잘 산 거고, 부모님의 보살핌에 감사한 마음을 느꼈다면 잘 산 거고, 내가 꿈꾸는 미래를 위해 오늘 하루 열심히 공부하고 일했다면 잘 산 겁니다.

남을 돕는 것에서 인생의 참 의미를 느끼는 사람도 있을 것이고, 돈을 많이 버는 것을 가장 중요하게 생각하는 사람도 있을 것이고, 좋은 성과로 높은 지위에 오르는 것을 목표로 삼는 사람도 있을 겁니다. 그 목표들 모두가 함축하고 있는 공통점은 바로 어제보다 나은 오늘의 나, 오늘보다 나는 내일의 나가 되는 것입니다.

청춘을 위한 기도

몇 해 전 제가 부장 보직을 맡았을 때 20대 초중반의 청춘들이 제 부서에서 일을 했습니다. 대학을 갓 졸업했거나 졸업을 유예하고 일터에 나온 친구들이었습니다.

본격적인 사회생활이 처음인 친구들이었기에 많은 걸, 어려운 걸 해낼 거라는 기대는 하지 않았습니다. 그저 저와 한 공간에서 일하는 동안은 직장에서 배워야 할 것들을 잘 배울 수 있도록 터를 만들어주고 다른 직장에서보다 의미 있는 하루를 꾸려갈 수 있도록 안내하자는 마음이 컸던 것 같습니다. 청년들을 예쁘게 보자고 마음을 먹었죠. 제게도 커가는 아이들이 있으니까 아마도 엄마의 마음으로 대했던 것 같습니다.

이런 제 마음을 알았는지, 이 친구들은 인사도 잘했고요. 약속된 출근 시간을 잘 지켰고 맡은 바 임무를 성실하게 해냈습니다. 물론 보기에 부족하거나 모자란 점도 많았습니다. 하지만 '기본'을 지킬 줄 아는 그 청년들은 제 눈에는 충분했습니다.

그때 저는 다짐했습니다. 이 청춘들을 잘 키워보자, 이 청춘들의 영혼에 숨결을 불어넣어주자고요. '내 아이가 몇 년 후 사회에 나가서 이런 어른을 만났으면 좋겠다'라고 할 때 '그런 어른'의 모습으로 이 청년들을 살펴주고 보살펴주자고 마음먹었습니다. 주어진 여건에서 가능한 한 일을 많이 배울 수 있도록 기회를 만들어주었고, 한 일에 대해서는 꼭 피드백을 해주었습니다. 함께 모여 집단지성의 힘을 발휘할 수 있도록 했습니다. 한번은 사내 아이디어 콘테스트를 하는데 이 친구들에게 미션을 주어 수상을 하기도 했습니다. 경력 란에 EBS 사장 상 한 줄 넣으면 이 친구들에게 도움이 되지 않을까 생각했던 겁니다. 매일같이 이 친구들을 살펴보다가 얼굴이 어둡거나 걱정이 드리워져있으면 아무리 바빠도 꼭 시간을 내어 얘기를 나누었습니다. 그 시간은 어떤 날은 고민 상담으로, 어떤 날은 진로 상담으로, 또 어떤 날은 가족 상담으로 채워졌습니다.

이 시간들을 통해 제가 지금 청춘들의 삶에 대해 좀 더 깊은 이해를 하게 되었던 것 같습니다. 이 청춘들은 제가 생각했

던 것보다 훨씬 위축되어있었고, 자신감이 없었으며, 자존감
도 낮았습니다. 부모님이 자랑스러워하는 존재가 되고 싶어
했으나 좋은 대학을 못 나왔다는 이유로, 아직 비정규직이
라는 이유로 부모님이 자신에 대해 실망할 거라고 슬퍼했습
니다. 어떤 친구는 부모님께 혼이 날까 봐 정작 본인이 원하
는 걸 말하지 못한다고도 했습니다. 유독 위축돼 보이는 친
구가 있었는데 이 친구는 어릴 때부터 칭찬을 받아보지 못
했다고 하더군요. '출퇴근 시간 잘 지키는 것도 대견하다'는
저의 칭찬에 그 친구는 한참을 울었습니다. '그게 무슨 칭찬
거리가 되나요. 정말 저 잘하고 있나요?' 하면서요. '엄마 아
빠는 이미 충분히 너를 자랑스러워하실 거다'라는 말에는
모든 친구들이 오열을 했습니다. 우는 아이들과 함께 저도
많이 울었습니다. 그 마음이 안쓰러워서, 또 그런 아이들을
바라보는 그들의 부모님 마음이 그려져서요.

이렇게 한 청춘, 한 청춘과 마음이 닿으면서 저는 그들을 마
음으로 키우며 사랑하게 되었습니다. 그리고 어느새 그 친
구들도 저를 사랑하는 눈빛으로 보고 있다는 걸 알았습니
다. 제 부서에서 청춘들이 자신감을 되찾고 활기 있게 살아
가는 게 느껴져서 참 행복했습니다. 저는 관심을 갖고 그들
을 위해 잠시 시간을 내주었을 뿐인데 이 친구들이 저를 넘
치도록 사랑해주었습니다. 제가 승진 발령으로 헤어지게 되
었을 때 우리는 한참을 울었습니다. 친구들은 '엄마 잃은 아
이들'처럼 울었고, 저는 '아이와 떨어지는 엄마'처럼 울었던

기억이 납니다.

이 책을 쓰면서 한때 같은 공간에서 서로 사랑하며 함께 살아낸 그 청춘들이 많이 생각났습니다. 힘들어하는 청춘들에게 낳아준 엄마 아빠가 미처 해주지 못한 역할을 대신 해주고 싶다는 소망이 생겼습니다. 청춘들의 '사회적 부모' 역할이라고나 할까요.

저의 인생을 통틀어 제 아이들에게 물려주고 싶은 이야기, 제 아이들과 동시대를 살아갈 청춘들에게 나누어주고 싶은 이야기들을 모아놓고 보니 여전히 부족합니다. 뭔가 더 있진 않을까, 뭔가 더 해줄 얘기가 없을까 싶어 어느새 또 끄적이고 있네요. 저도 더 좋은 어른이 되기 위해 분발하겠습니다. 저 자신을 위해서, 그리고 제 아이들과 여러분을 위해서요. 이야기가 쌓이면 여러분을 다시 만날 기회가 있겠지요.

청춘, 당신의 삶에 찬란한 빛이 가득하길 기도하겠습니다.

강영숙

흔들리는 이들에게 가서 닿기를
나로 살게 하는 말들

초판 1쇄 펴냄 2022년 2월 28일

지은이 강영숙

펴낸이 고영은 박미숙
편집이사 인영아 | 책임편집 김현정
디자인 이기희 이민정 | 마케팅 오상욱 안정희 | 경영지원 김은주

펴낸곳 뜨인돌출판(주) | 출판등록 1994. 10. 11. (제406-251002011000185호)
주소 10881 경기도 파주시 회동길 337-9
홈페이지 www.ddstone.com | 블로그 blog.naver.com/ddstone1994
페이스북 www.facebook.com/ddstone1994 | 인스타그램 @ddstone_books
대표전화 02-337-5252 | 팩스 031-947-5868

ⓒ 2022 강영숙

ISBN 978-89-5807-885-2 03190